Contes Orientaux: Ou Les Recites

Marie Moreau

CONTES ORIENTAUX,

OU

LES RÉCITS

DU SAGE CALEB,

VOYAGEUR PERSAN;

*Par Mademoiselle M***.*

A CONSTANTINOPLE;

Et se trouve, à PARIS,

Chez MÉRIGOT le jeune, Libraire, quai des
Augustins, au coin de la rue Pavée.

1779.

PRÉFACE.

Il faut de l'occupation à l'ame : la mienne a befoin d'agir. Exclue des grandes places où l'on peut faire le bien ; féparée du monde par les circonftances, ma raifon & mon goût ; auffi peu faite pour me livrer à fes intrigues, que pour m'amufer long-tems de fes vains plaifirs ; j'ai, dans la feule efpérance d'embellir ma folitude, raffemblé des penfées qui plaifaient à mon cœur ; des images fimples & riantes, prifes dans la Nature, dont le fpectacle m'a toujours charmée ; des éloges de l'amitié que je cultive; des préceptes , des exemples de bonté ; de défintéreffement, d'indulgence pour les erreurs & les faibleffes communes à tous les hommes : doux fentimens, douces habitudes, qui font en même tems la vertu & le bonheur !

En arrangeant ces divers matériaux, j'éprouvais qu'il eft agréable de pouvoir, fans le fecours d'autrui qu'on n'a pas toujours, & qu'il eft humiliant de rechercher trop, s'amufer fans bruit, fans nuire & fans choquer perfonne. Long-tems je n'eus d'autres deffeins que d'occuper mon ame, que de jetter fur le papier les fentimens & les idées qui l'agitaient fi délicieufement. J'aurais dû, fans doute, m'en tenir-là; je fens, fur-tout au moment de publier ces fonges de ma jeuneffe, que c'eût été le plus fage parti : mais il n'eft plus tems de m'arrêter. A la fuite des Productions viennent les confidences ; j'ai été indifcrette avec l'Amitié, & l'Amitié a répété bien haut ce que je lui avais dit à l'oreille : fon zele m'a arrachée, malgré moi, à cette obfcurité que je chériffais, que je regretterai peut-être, & que fûrement je préfere à une demi-clarté, à un jour incertain & fans éclat. Je livre donc au Public ce qui d'abord

A 4

ne fut écrit que pour moi &
l'Amitié ; c'eſt elle qui m'a ſé-
duite & qui m'a trahie : qu'elle
me juſtifie aujourd'hui, ſi j'en ai
beſoin.

CONTES
ORIENTAUX.

LES AVENTURES
DE DALIMECK,
ou
LA BIENFAISANCE.

CALEB, après avoir beaucoup voyagé, vint à la Cour des Califes ; il occupa de grandes places qu'il remplit avec diftinction : mais Caleb gémiffait ; devenu Miniftre abfolu d'un

puiſſant Empire, il ne put faire tout le
bien qu'il avait cru poſſible, lorſque
ſimple Particulier il vivait loin des
Rois & de leurs Courtiſans. Fatigué,
rébuté par les contradictions & par les
obſtacles, laſſé de baiſſer le front, de
ſe proſterner devant un Maître ſuperbe,
dur & voluptueux, qui, plongé dans
la molleſſe, à l'exemple de ſes pré-
déceſſeurs, abandonnait à un Viſir
l'emploi inaliénable & ſacré de rendre ſes Peuples heureux ; ou qui plutôt permettait au Mufti, à l'Aga, au
Cadi, à une foule de tyrans ſubalter-
nes, d'opprimer ſes Sujets : Caleb
ſollicita long-tems, & obtint enfin ſa
retraite. Il avait épouſé une femme
charmante, & depuis qu'il s'était retiré
de la Cour, il vivait avec elle dans une
jolie maiſon de campagne, à deux
lieues de Bagdad. Ses amis, il en avait
beaucoup, car ſes manieres étaient
ſimples & ſon cœur parfaitement bon,
ſes amis recherchaient avidement ſes

entretiens ; ils aimaient à le faire parler
de ſes longs voyages, des mœurs
étrangeres, de celles de la Cour, preſ-
que auſſi étrangeres pour l'obſcur Ci-
tadin, que les mœurs des Peuples
placés à mille lieues de lui. Caleb
charmait ſes hôtes par le récit des
aventures multipliées, dont il avait
été le témoin ou le héros. Depuis
long-tems il leur promettait l'hiſtoire
de Dalimeck, qu'on l'entendit ſouvent
propoſer pour exemple à Fatmé, la
bien-aimée de ſon cœur. Un beau ſoir
d'été, que tous ſes amis ſe trouverent
raſſemblés aux bords d'un canal, aſſis
ſur des tapis de Perſe, à l'ombre des
platanes touffus, après avoir ſavouré
le parfum des fleurs & le jus délicieux
de mille fruits, ils conjurerent Caleb
de leur tenir parole, d'ajouter aux plaiſirs qu'ils goûtaient, le plaiſir plus
grand de l'entendre. Le ſage Caleb,
charmé d'amuſer ſes amis, de les entretenir de la vertu la plus chere à ſon

ame , de célébrer la bienfaifance ,
commença ainfi les aventures de Dalimeck, veuve de Palamir.

J'ai long-temps vécu parmi les enfans de la terre , j'ai pris foin de les
obferver ; j'ai cherché dans leurs traits
calmes ou agités les fecrettes penfées
de leurs ames ; j'ai prêté fouvent une
oreille attentive à leurs paroles , & j'ai
obfervé dans le filence leurs différentes actions. J'ai vu des Santons dans
les carrefours & fur les grands che-
mins , théâtres de leurs macérations
& de leurs rigoureufes pénitences ; j'ai
vifité les Molaks , qui fe piquent d'une
grande févérité de mœurs & d'une plus
grande exactitude à la priere; je me
fuis affis fous la tente de l'homme jufte,
qui n'affecte rien ; j'ai fu percer la
foule tumultueufe qui environne les
Rois; je les ai fuivis dans l'agitation
des camps , & dans le repos du ferrail;
j'ai pénétré dans le cabinet folitaire
de leurs Miniftres , & de là , je fuis

descendu sous la cabane du pauvre : ô
mes amis ! les yeux de l'homme s'ouvrent bien souvent aux larmes, & son
ame à l'affliction ; mais je n'ai vu sur la
terre de vraiment malheureux que
l'homme dur & méchant.

Dalimeck la plus vertueuse des femmes , Zulima sa fille , la plus belle de
celles qui habitent la fertile plaine
d'Ischeniazin, burent long-tems dans
la coupe amere de l'infortune. Elles
connurent la douleur & le besoin :
mais leurs cœurs généreux ne cesserent
point de s'ouvrir à la bienfaisance , &
le plaisir leur sourit quelquefois, & la
douce paix reposa sur leur toit de
chaume que le bonheur devait un jour
habiter.

Dalimeck, jeune encore , vit descen-
dre son époux au tombeau ; profondément affligée, elle s'enferma pendant
quarante jours pour pleurer sans dis-
traction le bien-aimé de son cœur : la
natte flexible sur laquelle elle prenait

un fommeil agité, était trempée de
fes larmes; & fon pain, feule nourriture que fe permet fa douleur, en
était arrofé. Bientôt fa bouche & fes
joues fe décolorent, fon teint demeure
flétri, le doux éclat de fes yeux difparaît pour jamais; & Dalimeck, uni-
quement fenfible à la perte de fon
époux, ne s'apperçoit pas qu'elle a
ceffé d'être belle.......Filles des hommes! croirez-vous à cet oubli généreux de l'amour-propre qui s'immole
à l'amour? mais apprenez les deffeins
de cette amante défolée. Elle fonge à
quitter Alep; elle fe propofe d'habiter
la fertile plaine d'Ifcheniazin; elle choifit & fixe fa retraite dans ces longues &
profondes vallées, qui s'étendent entre
le Tygre & l'Euphrate, dans ces campagnes délicieufes, antique berceau
du genre humain, afyle mémorable
des hommes épouvantés après la fub-
merfion du monde. Elle attend, pour
s'y rendre, que fon deuil foit achevé.

Les heures de l'affliction coulent lentement, mais elles paffent auffi comme
celles du bonheur; & Dalimeck, à jamais inconfolable, mais libre à préfent, peut fe montrer à fa famille,
revoir fes amis, traiter avec les étrangers : ces jours d'une folitude abfolue,
prefcrite par l'ufage, l'idole & le tyran
du monde, font finis. Alors elle fe fait
amener fes enfans, les embraffe, répand fur eux de nouvelles larmes, &
leur dit : « Votre pere ne vit plus fur
» la terre; il a difparu de ce palais,
» vos yeux & les miens ne le verront
» plus; un froid cercueil eft mainte-
» nant fa demeure. Ses emplois, fes
» charges, paffés en d'autres mains,
» fourniffaient à cette magnificence
» qui vous entoure aujourd'hui, mais
» qui ne convient plus à votre mere
» défolée, à l'état préfent de votre for-
» tune : nous allons habiter les champs;
» c'eft, dit-on, le féjour de la vertu,
» l'afyle de la paix; la patrie de l'in-

» nocence : puiffiez-vous y trouver le
» bonheur ! il n'eft plus fait pour moi ».

Dalimeck vendit fa fuperbe maifon, fes meubles faftueux, ces chars
brillans qui roulaient autrefois avec
fracas fur les pavés d'Alep , & ces
riches ceintures , ces pierreries, ces
chaînes d'or , ces colliers de perles,
inutiles ornemens devenus odieux à
fa douleur, & dont la tendreffe libérale
d'un époux fe plut jadis à la parer. Il
lui reftait deux caravanferays (1) dans le
quartier le plus fréquenté de la ville ;
elle eût fouhaité les vendre auffi, & ne
plus entretenir de correfpondance avec
Alep. Mais ils étaient affermés pour
dix ans, l'un à Mazourabac, Bijou-
tier de la Cour, & l'autre, à Salem,
qui fait le riche commerce des pourpres éclatantes. Ces deux Marchands,
dans la crainte qu'on ne les forçât
d'abandonner leurs maifons, vinrent

----

(1) Efpece de magafin fitué dans un endroit
où les Marchands s'affemblent.

ensemble trouver Dalimeck, dont ils connaissaient la bienfaisance. Salem parla le premier : — Dalimeck, écoutez avec bonté votre serviteur. Le caravanserays que j'occupe, & que je vois à tous momens se remplir de riches acheteurs, me fut cédé pour dix années : j'ai compté sur ce long terme, tous mes engagemens y répondent ; si vous vendez ma demeure, je ne pourrai tenir mes engagemens : Dalimeck voudrait-elle m'ôter un bien que son époux m'avait assuré ? La veuve de Palamir déchirera-t-elle un contrat où le nom sacré de Palamir est écrit ?...— Mazourabac s'avança pour parler à son tour. — Que votre ame que j'ai trouvée sensible autrefois, ô Dalimeck, se laisse encore toucher ! vous savez que les malheurs de ma famille m'ont jeté dans le commerce, où pendant long-tems rien ne m'a réussi. Mes enfans languissaient sous mes yeux ; ma femme & moi, rongés de

chagrin, nous périffions : j'entendis
parler de votre époux . . . . que le Ciel
lui rende le bien qu'il a fait à la terre !
Vous me reçutes tous deux avec bonté; vous me logeâtes dans ce même
caravanferays que vous allez vendre
aujourd'hui, & vous me l'affermâtes
la moitié de fa valeur. Depuis quatre
ans que j'y fuis, tout m'a profpéré;
c'eſt moi qui fournis maintenant au
Calife les pierreries qui brillent fur
fa tête, & fur les robes de fes favori-
tes. Laiffez-moi fix ans encore cette
heureufe-maifon, & je vous remettrai
à la fois le prix du fonds & celui des
loyers. — Ecoutez ce que cette généreufe femme lui répondit. « Vous
» avez compté poffeder encore pen-
» dant fix années les caravanferays,
» je refpecte la convention faite par
» mon époux : gardez-les jufqu'à ce
» terme, & foyez fideles à des enga-
» gemens que je ne pourrai vous rap-
» peller de fi loin, dont je ne veux
» avoir déformais d'autres garants

» que votre probité ». Mazourabac
& Salem la bénirent ; leurs cœurs
étaient satisfaits, & Dalimeck s'applaudit de leur joie.

Ayant ensuite raffemblé ses Esclaves : « Le Ciel gouverne la terre, leur
» dit-elle ; Dieu commande à l'esprit
» de l'homme. Celui qui fit les desti-
» nées est le maître de notre volon-
» té ; sa main puissante brise vos fers
» aujourd'hui , demain il me con-
» duira dans la route d'Ischeniazin.
» Je vous rends la liberté, tous vos
» jours sont désormais à vous. Appor-
» tez, Zulima, les trente-deux bourses
» de sequihs que je vous ai confiées :
» donnez à Nisa, à Moulak & à
» Casem, les trois premieres ; dis-
» tribuez les autres dans l'ordre que
» je vous ai prescrit. Mes amis,
» elles ne sont pas toutes égales ;
» le jeune homme a moins de be-
» soins que le vieillard, & je crois
» devoir donner davantage à ceux
» en qui j'ai trouvé plus de bonté,

» de zele & de vertus ». Touchés,
attendris jufqu'aux larmes , ces bons
Efclaves embraffent les genoux de
leur généreufe Maîtreffe ; ils demandent de la fuivre dans fa retraite , d'y
vivre auprès d'elle , & d'y mourir
en la fervant. Quelques - uns étaient
fort âgés , plufieurs lui devenaient
inutiles : mais elle les garda tous.
« Je n'ai pas befoin d'eux », difait-
elle à Zulima, qu'elle ne perdait
pas une occafion d'inftruire à la
bienfaifance , « mais ils ont befoin
» de moi. Zulima , foyons bons &
» compatiffans, foyons-le toujours ;
» ne nous laffons jamais de fecourir,
» de confoler, d'obliger nos freres».
   Zulima n'a encore que douze ans ,
mais fon ame eft capable de recevoir & de goûter ces fages princi-
pes ; elle en fait d'heureufes applica-
tions ; elle veut, devine , cherche &
fait le bien , dont elle n'a pas encore
reçu l'exemple. On retrouve en cette

jeune enfant la fenfibilité précieufe,
la douceur , la bonté de fa mere:
elle promet de l'égaler un jour en
fageffe , & déjà elle la furpaffe en
beauté.

Mais les chars font préparés, les
chameaux attendent leurs guides;
Dalimeck part, & va s'enfevelir à
trente ans dans la profonde folitude
d'Ifcheniazin. Dilézim fon fils , la
vivante image d'un pere qui n'eft
plus ; Zulima plus douce & plus
fraîche que le premier mois du printems , & tous fes fideles Serviteurs
qui veulent mourir fes efclaves,
accompagnent fes pas. Un devoir
facré l'arrache au monde & la retient
encore à la vie. Elle ne compte plus
fur le bonheur ; mais la douce efpérance de faire celui de fes enfans,
de le rendre indépendant des coups
inévitables du fort, de l'opinion, des
caprices & de la méchanceté des
hommes, donne du reffort à cette

ame abattue par l'affliction, la rend
capable de former cette grande entreprife & de l'exécuter. Enfans de la
terre, admirez fon courage; ... que
la jeune fille qui ne fent point pour
Dalimeck une fainte affection, qui ne
fe propofe pas en fon cœur de l'imiter, ne trouve jamais d'époux, que
jamais elle n'éprouve la douce joie
d'être mere ! Ecoutez, femmes ver-
tueufes; & vous, jeunes Beautés, la
joie, les délices, l'ornement de la
terre, écoutez ce que je vais vous
dire. Les foins vigilans d'une bonne
mere font pour les jeunes enfans ce
qu'eft aux fleurs débiles, aux plantes
délicates, la main induftrieufe du Cul-
tivateur intelligent; il donne à leur
faibleffe un léger appui, détache les
feuilles fuperflues, enleve l'herbe pa-
rafite qui dévore leur fubftance: c'eft
l'ouvrage de toutes les faifons; mais
au printems, il écarte loin de ces
plantes chéries les infectes deftructeurs,

les arrofe & les garantit en été des rayons brûlans du foleil, les abrite à l'approche des gelées blanches que le fouffle glacé du Pôle répand fur les campagnes à la fin de l'automne, & les défend des pointes aiguës du froid pendant les longues nuits d'hiver. Telle & plus vigilante encore, j'ai vu Dalimeck, dans fa tranquille retraite, veiller nuit & jour fur fes tendres enfans, leur prodiguer à toutes les heures fes foins les plus empreffés. Là, tous les événemens, tous les objets, amenés, choifis, arrangés par elle, deviennent des leçons ou des amufemens pour fes éleves. Les promenades de même que l'étude, les récréations ainfi que le travail, fervent à leur inftruction ; les difcours & les actions ordinaires de la vie, ce qui frappe leurs fens & leur efprit, tout, dans la maifon de Dalimeck, foumis à fa raifon éclairée ou dirigée par fon amour ingénieux, confpire à rendre,

Dilézim & Zulima bons & fages, afin
de les rendre parfaitement heureux.
Je veux peindre les douces occupations, les tranquilles & fublimes plaifirs de cette famille innocente : la cul-
ture des jardins, les foins de la ber-
gerie, ceux que demandent la filature
des laines & la préparation du lin ,
les travaux des champs, ceux de la
maifon étaient partagés avec intelligence entre les Efclaves relativement
à leur fexe , à leur âge & à leurs forces.
Ils travaillaient tous, aucuns n'étaient
chargés. La main occupée à répandre
dans le fein de la terre le riz & le
millet, n'eft point détournée de ce
foin important pour conduire fur le
bord de l'Euphrate les chameaux altérés, ou pour enlever aux moutons
dociles leur longues toifons plus éclatantes que le lis qui fe balance fur fa
tige fléxible ; c'eft l'ouvrage des jeunes
filles & des vieillards. Tous les emplois font donnés , tous les travaux
s'exécutent ;

s'exécutent ; & la tâche de chaque
journée n'eſt jamais, dans la maiſon
de Dalimeck, remiſe au lendemain.
Elle avait ſoin de le faire remarquer
à Zulima. « Je ne me donne nulle peine
» maintenant, lui diſait-elle ; la per-
» fection de l'ouvrage, la bonne in-
» telligence entre les travailleurs, naiſ-
» ſent naturellement & d'elles-mêmes de
» l'ordre établi dès le commencement ».
Elle lui diſait encore : « Traitons avec
» bonté celui que le ſort a fait notre
» eſclave, il nous ſervira avec zele ».

A certains jours de l'année, & ſpé-
cialement à la pleine lune de chaque
mois, on s'aſſemblait à l'approche de
la nuit ſous deux jeunes palmiers,
aſyle ſacré dédié à la Bienfaiſance,
où Dilézim & Zulima, fiers de ce
noble emploi, diſtribuaient des prix
à la Vertu. Les cinq premiers étaient
pour la Bienfaiſance. Quand une Eſclave plus intelligente ou plus active
que ſa compagne l'avait conſolée dans

fes peines, ou foulagée dans fes travaux, elle en recevait la récompenfe,
toujours proportionnée à la grandeur
des fervices rendus, aux difficultés
vaincues, à l'intention qui releve ou
qui dégrade le bienfait, qui condamne
ou qui juftifie.

Un jour que Zulima n'avait plus
de couronnes à diftribuer, elle vit dans
la campagne une Efclave étrangere
qui s'avançait vers la fontaine, nommée Darack, dont les eaux, plus
tranfparentes & plus falubres que celles
du fleuve, récelent une vertu forti-
fiante. Elle la vit remplir un vafe de
cette eau falutaire, s'empreffer de le
préfenter à une vieille femme qu'une
faibleffe fubite avait furprife au milieu des champs, & l'aidant à fe lever,
la conduire doucement vers un cedre
antique, dont les branches touffues
répandaient au loin une ombre impé-
nétrable. Zulima vit cet acte de piété,
& femblable à la fleche d'or qui tra-

verfe un Ciel d'azur, elle vole au fecours de ces deux femmes : fes mains
empreffées foulevent & foutiennent la
malade. — Appuyez-vous, lui difait-
elle ; & préfentant un bras faible,
mais courageux, raffermiffant un pied
débile qui fe perd & s'embarraffe fous
l'herbe, elle s'approche lentement du
grand cedre : fes genoux fléchiffent,
fon corps délicat eft courbé comme
l'arc fufpendu au bras des chaffeurs,
fon front eft humide, fes joues ont la
vive couleur du foleil couchant.

La vieille femme, étendue au pied
de l'arbre qui la garantit des feux du
jour, ouvre les yeux, les porte vers
le Ciel, fur Zulima, fur l'Efclave ;
& frappée de leur grande jeuneffe &
de leur beauté : « Etes-vous des Anges,
» leur dit elle ? retournez dans le Ciel
» jouir de fes délices. Habitez-vous
» la terre ? que tout ce qu'elle offre
» de bonheur foit à jamais votre par-
» tage » !

Pendant qu'elle parle encore, l'Efclave ramaffe des feuilles déffechées,
les enveloppe du voile qui couvre
fon vifage, & préfente à la vieille ce
léger oreiller. Elle y repofa fa tête
appefantie : l'eau falutaire de la fontaine Darack, l'ombre du grand cedre,
la fraîcheur de la terre & le parfum
des aromates rétablirent fes forces; un
doux & tranquille fommeil acheva de
la guérir.

Charmée de ce qu'elle a vu, Zulima
dit à la jeune Etrangere : — « Portez
les yeux fur le bord du grand fleuve;
cette maifon qu'on découvre à fa blan-
cheur à travers les branches entrelacées des palmiers, eft à Dalimeck,
qui chérit la bonté & qui la récompenfe. Venez la trouver lorfque la
lune entiérement arrondie préfentera
fon difque lumineux aux derniers
rayons du foleil ; je vous montrerai
les prix deftinés à la Bienfaifance, &
je vous donnerai le premier ». — Elle

dit , & détachant de fon front un voile
de moufleline brodée d'or , elle en
couvre la tête de la jeune fille , qui
refte muette de plaifir & de furprife.

Zulima, preffée de donner un en-
couragement à la Vertu, va fe trouver expofée au foleil du midi, l'en-
nemi de la beauté; les boucles de fes
cheveux, à moitié détachées, n'om-
bragent que faiblement les lis de fon
vifage : dans ce défordre, elle remonte
le côteau , traverfe la plaine, & court
fe jeter dans les bras de Dalimeck,
inquiete de fon abfence. Heureufe
mere ! vous recueillîtes le prix de vos
foins ; vous la ferrâtes avec raviffement fur votre cœur ; & les plus douces
larmes tomberent de vos yeux fur fes
joues de rofes.

La maifon que Dalimeck fit bâtir
au pied du mont Ararat , du côté où
le Tygre prend fa fource, était vafte
& commode , mais de la plus grande
fimplicité. On n'y voyait rien de cette

magnificence qu'étale un luxe ruineux :
une propreté délicieufe, même un
peu recherchée, en faifait l'ornement.
Deux longues allées de jafmins, de
tilleuls, d'orangers, conduifaient au
jardin, immenfe amphithéâtre, où l'œil
enchanté contemple avec furprife les
dons flatteurs du printems mêlés aux
riches préfens de l'automne. Au pied
de la colline, où le fleuve, image
de l'homme à fa naiffance, n'eft encore qu'un faible ruiffeau, on découvre une vafte plaine, hériffée autrefois de plantes inutiles & d'arbriffeaux
fauvages ; Dalimeck lui fourit : des
mains laborieufes déchirerent le fein
infructueufement fécond de cette terre
abandonnée, & bientôt elle fut cou-
verte de longs épis chargés de grains :
Zéphyr, qui les careffe, ferpente à
peine au travers de leurs rangs preffés ;
il balance leurs têtes pefantes, & les
courbe fans les brifer jamais. Sur le
penchant de la colline, du côté du

midi., de nombreux troupeaux de
moutons. bondiffent dans les vertes
prairies ; leur laine touffue a l'éclat ,
la légéreté de ces flocons de neige
que les vents enlevent du fommet des
montagnes , qu'ils ballottent dans les
airs , & qu'ils fement à des diflances
inégales fur la peloufe des vallées. ·

Zulima, Dilézim, auffi doux, auffi
fimples que les douces & tendres brebis, venaient le matin folâtrer avec
elles. Dalimeck affiftait à leurs jeux ;
cet innocent fpectacle l'occupait agréa·
blement. Une fois elle donnait un
conte du vertueux Saady , une fable
du fage Lokman ; une autre fois des
couronnes de fleurs à celui de fes
éleves qui parvenait le premier au but
marqué pour la courfe. Cet exercice
les rendait en même tems plus forts ,
plus fouples & plus agiles. Un travail
réglé, des lectures inftructives ou amu-
fantes fuccédaient à ces divertiffemens.
Le foir en amenait de nouveaux : les

B 4

plaifirs & les occupations étaient également agréables & falutaires.

Sous deux palmiers fuperbes, dont
les rameaux en fe croifant formaient
un berceau délicieux, était une longue pierre cifelée avec le plus grand
art; elle avait la dureté du marbre;
& l'éclat des plus belles perles du lac
Comorin. Le fameux *Philamès, ce
Sculpteur divin, à qui l'Egypte éleva
des ftatues, travailla dix ans ce mor-
ceau précieux; mais aufïi vertueux
qu'habile, il ne voulut graver fur
cette pierre que des aftes de bienfaifance. A l'un des angles, on voyait
un homme dans la fleur de l'âge
qui traverfait une riviere, & portait fur fes épaules un vieillard dé-
crépit; on lifait dans les yeux, fur
le vifage de ce dernier, l'envie & la
joie qu'il reffentait d'arriver à l'autre
bord du fleuve. Auprès d'eux, un
Efclave arrachait à la violence du
courant, en s'expofant lui - même,

des enfans que leur imprudence venait d'y précipiter. Plus loin , un autre homme dont les habits paraiſſaient tout brûlés, enlevait aux flammes qui dévoraient des palais & des chaumieres , une jeune femme dont le feu venait d'endommager les bras & le viſage. On remarquait auſſi pluſieurs femmes intéreſſantes par leur beauté , leurs attitudes & leurs actions : celle-là panſait les bleſſures d'un Guerrier, celle-ci taillait des vêtemens à l'indigençe , une autre lui diſtribuait du pain. La plus raviſſante de toutes était placée au milieu de ce groupe charmant , dominait les autres figures , & portait ſur la ſienne un caractere impoſant & ſublime; elle allaitait un enfant de ſix mois. Philamès avait mis tant de feu , de vie, de vérité dans ces tableaux , qu'on voyait couler le lait ſous la peau tranſparente... Quel génie ôſa copier, quel

art a fu rendre des charmes, que
rien n'imite & n'égale dans la Nature ? Les lis mêmes unis aux rofes
pour former des guirlandes à la
beauté, n'ont point autant d'éclat & de
fraîcheur ; ils préfentent un tiffu
moins doux, des formes moins flatteufes ; ils n'offrent à chacun des fens
qu'ils attirent & qu'ils charment, ni
les couleurs, ni le poli., ni les con-
tours raviffans d'un beau fein. Et c'eft
fous la froide & dure enveloppe du
marbre, que refpirent les graces les
plus féduifantes ! . . .

De toutes les chofes curieufes qu'a-
vait poffédées la veuve de Palamir,
cette pierre fut la feule qu'elle voulut
conferver. Un chameau docile ploya
fes genoux ; on la pofa fur fon dos,
& plufieurs Efclaves veillaient autour
d'elle. Trois fois ils traverferent le
cours rapide de l'Euphrate, des vallées étroites & rocailleufes, gravi-
rent des montagnes, & pendant cette

longue route leurs yeux furent ouverts fur le dépôt commis à leurs
foins. Dalimeck voulut que, fur des
pieux de cedre, à l'entrée de fa maifon, il reftât expofé à la vénération
des paffans, & qu'on n'en appro-
chât jamais qu'avec un faint ref-
pect.

Je l'ai vue, cette pierre ineftimable,
tirée des carrieres de Paros, travail-
lée dans les atteliers de Memphis,
tranfportée au pied du mont Liban,
& depuis dans la délicieufe Arménie : elle fut long-tems l'admiration
des curieux, la leçon des hommes,
& j'ai fouhaité d'en trouver de pa-
reilles dans le palais des Rois &
fous les tentes des Guerriers & des
Pafteurs.

Zulima, Dilézim & leur mere,
venaient s'affeoir enfemble à la fin
de chaque journée, fous les palmiers
qui couvraient de leur ombre cette
pierre révérée. Ils y venaient refpirer

B 6

la fraîcheur du foir , le parfum des fleurs , fimple ornement d'un Temple ruftique , & rendre des actions de graces au Dieu bienfaifant, qui leur donne le defir d'être bons & les moyens d'être heureux.

Une fois qu'après avoir admiré le fpeétacle impofant des cieux , la marche des étoiles , qui révele un Maître à la terre, ils promenaient leurs regards attendris fur les campagnes verdoyantes , ils apperçurent dans la vallée de Nozakin deux Voyageurs épuifés de fatigues. La nuit s'approchait , & tout en effuyant leurs vifages échauffés , ils preffaient leur marche incertaine.— « Voyez - vous , mes enfans, ces hommes qui defcendent l'étroit chemin de Nozakin, où fans doute ils projettent d'arriver ce foir ? je préfume qu'ils ont longtems marché ; leurs fronts humides font brûlés du foleil , & leurs pieds chancellent à chaque pas. . . . Ré-

jouiſſons-nous : des murs épais , oppo-
ſés au midi, nous ont préſervés de
ſon ardeur dévorante; à préſent ces
palmiers couvrent nos têtes , & briſent
agréablement entre leurs feuilles les
derniers rayons de cet aſtre étincelant;
nos yeux ſont réjouis ſans être bleſſés.
Nous touchons du pied les murs
de notre maiſon ; on apprête au-de-
dans un repas agréable ; une couche
préparée avec ſoin attend chacun de
nous : ô mes enfans , vous êtes donc
heureux ? Dilézim ! Zulima ! vos
cœurs ſont-ils paiſibles & contens? . .
Zulima n'ôſe répondre ; mais elle
regarde le chemin , ces hommes qui
s'avancent ſi lentement, qui trébu-
chent à chaque pas , & ſes beaux
yeux ſe rempliſſent de larmes. Pour
Dilézim, il s'eſt levé d'abord, un
de ſes pieds ſeulement touche la
terre, ſa main très-élevée eſt étendue du côté de Nozakin : il regarde
ſa mere , & montre de l'impatience;

on remarque dans fes traits la plus grande émotion. Heureufe mere ! « Je vois avec raviſſement, leur dit-
» elle, que vous ne favez point être
» heureux à la vue de l'homme qui
» fouffre. Puiſſiez-vous, ô mes en-
» fans, ne le favoir jamais ! Ne fon-
» geons point à nous fouftraire en
» fuyant à l'impreſſion pénible qu'ex-
» cite en nous la vue des malheu-
» reux : volons à leur fecours ; leur
» contentement remettra la paix dans
» notre ame, leur joie fera la nô-
» tre. Allez, mon fils, offrir une
» retraite à ces Etrangers ; que l'air
» de votre vifage les aſſure de
» tout le plaifir qu'ils nous feront ».
Elle dit, & déjà Dilézim eſt parti : charmé de porter une bonne nou-velle, il court fans refpirer ; fes pieds légers effleurent la terre fans y laiſſer de traces.

Le Voyageurs fatigués entendirent les fons enchanteurs de fa voix ; elle

leur parut plus douce que le chant
de l'alouette , qui promet le beau
tems. Pleins de joie , ils fuivent Dilézim jufques fous les berceaux où fa
mere les attend , & leur prépare un gracieux accueil.

Elle fe plaifait à recevoir les Etrangers , à leur faire conter leurs aventures , à s'inftruire avec eux des loix ,
des mœurs & des ufages de leurs pays.
Jamais ils ne quittaient fa maifon que
chargés de préfens, que fa bonne grace
& l'à-propos rendaient précieux. Quelquefois c'était des fruits, des liqueurs
pour les défaltérer , ou les fortifier
dans leur route ; d'autres fois elle faifait charger les chevaux de fes hôtes
de provifions plus folides ; du riz , des
viandes falées , des pâtes de différentes
fortes , leur étaient diftribués avec
abondance. On confultait leur goût ;
on examinait encore la longueur de
la route & la nature des contrées
qu'ils avaient à traverfer, & toujours

les fecours-étaient proportionnés aux
befoins. Quand un Marchand fe trouvait arrêté par la perte d'un chameau,
Dalimeck s'empreffait d'en offrir un
des fiens. « Si vous êtes pauvre, di-
» fait-elle au Marchand , je vous le
» donne ; fi vous êtes riche, donnez-le
» à votre retour à l'indigent que vous
» faurez en avoir befoin ».

La porte de cette femme bienfaifante eft fouvent affaillie par des Voyageurs que les Bédouins ont furpris
& pillés dans le défert. Leurs récits
pitoyables arrachent des larmes à Dilézim, à fa fœur : depuis long-tems
leur mere n'en verfe plus ; mais elle
écoute avec intérêt, & fe montre plus
foigneufe de confoler que de plaindre , plus empreffée à fecourir les
malheureux qu'à gémir fur leurs maux.
Son lin, le fin duvet de fes coton-
niers dont le plant vient des bords
de l'Indus, les dépouilles de fes brebis , tiffues en draps , en toiles légeres,

font bientôt, par fon ordre, travaillés
en habits. Dilézim fut chargé d'en
revêtir ces Etrangers prefque nuds; &
Zulima, mêlant un doux fourire à la
derniere larme échappée de fes yeux,
vient attacher fur la robe des Péle-
rins la ceinture à réfeaux, ouvrage
de fes mains laborieufes : la pudeur
& la joie colorent légérement fes joues
& fon front ingénu.

C'eft ainfi que loin du bruit, des
importuns, des jaloux, des méchans,
Dalimeck & fa famille, au fein de
l'innocence, en favouraient les plaifirs,
& paffaient, dans la pratique du bien,
des jours auffi fortunés que tranquilles.

Mais celui qui verfe à fon gré le
bien & le mal fur la terre, & les fait
fervir à fes deffeins impénétrables,
frappa de nouveau Dalimeck. Voulut-
il éprouver fa vertu ? . . . Eh ! ne
lit-il pas dans le cœur qu'il a pétri de
fes mains ? Il l'a fait auffi tranfparent

pour fon œil, que profondément obf-
cur pour l'œil de l'homme. Dieu pénetre dans les cœurs comme la lumiere
dans le diamant: la Vertu eft un de fes
dons.

Impies, détracteurs de la Vertu, venez apprendre combien celle de Da-
limeck.eft pure & folide! . . . Affem-
blez - vous, enfans des hommes! . . . .
Ecoutez, ô vous que la fortune eni-
vre de fes faveurs; qui, couronnés de
myrthe, & la coupe des plaifirs entre
les mains, chantez dans vos Palais de
marbre ! Défiez - vous du moment
préfent qui vous fourit & vous trompe :
il vient, vous trouve dans la joie; à
peine eft - il paffé, & déjà vous êtes
dans les larmes.

J'ai dans ma jeuneffe interrogé les
fiecles qui ne font plus, & celui qui,
étant encore, s'écoule vers l'abyme
de l'oubli pour s'y engloutir & fe perdre avec ceux qui l'ont précédé : deux
chofes font fur la terre le bonheur &

la vertu ; favoir ufer de la fortune , &
favoir s'en paffer.

· Mes amis , vous · allez frémir. Les
vents fe taifaient , un calme perfide
régnait dans les campagnes , & s'é-
tendait fur toute la vafte plaine d'Ifcheniazin ; un air étouffant , chargé
de vapeurs exceffivement chaudes &
d'exhalaifons fulfureufes , pefait fur les
corps, & les tenait profondément affoupis. Tout dormait dans la maifon
de Dalimeck ; elle dormait auffi : tout-
à-coup un bruit fouterrein retentit
dans les vallées , & n'eft point entendu. Des vents oppofés s'élevent ;
ils foufflent avec violence , & fe cho-
quent avec impétuofité : le bruit ter-
reftre augmente , il devient terrible ;
les éclats redoublés de la foudre lui
répondent. La terre mobile femble
rouler avec plus de rapidité fur fon
axe étincelant ; fon fein embrafé bouil-
lonne , fe gonfle & fe déchire avec
fracas : vingt bouches de feu vomif-

lent des terres vitrifiées, des pierres
calcinées, des fables enflammés : les
métaux liquéfiés s'échappent en torrens aux travers des prairies entr'ou-
vertes ; d'autres torrens non moins
épouvantables, formés des eaux du
Ciel, defcendent des montagnes : grof-
fis dans leur cours, & devenus plus rapi-
des, ils entraînent violemment après
eux les terres, les arbres, les maifons,
les hommes & les troupeaux ; tout
périt. Ce qui échappe à leur ravage eft
bientôt englouti par la terre, ou dé-
vóré par les feux élancés de fes en-
trailles brûlantes. Il ne refte plus
rien de cette maifon de paix, où
le pauvre était reçu, où l'homme affligé trouvait, dans tous les tems, de
fi douces confolations. Avec elle eft
entré dans l'abyme cet autel facré,
dédié à la Bienfaifance, ce pieux mo-
nument fait pour durer autant que les
beaux-Arts & la Vertu ; & ces berceaux
enchantés, abri de l'innocence ; &

ces champs fertiles, où la timide glaneufe ramaſſait autant d'épis que la
main laborieuſe qui les avait enſe-
mencés. . . . . Le jeune Dilézim, que
les bons cœurs donnent des pleurs à
ſa mort prématurée ! Dilézim, qui
cachait la raiſon d'un homme ſous
les traits d'un enfant, & qui retraçait
ſi vivement aux yeux de ſa mere un
époux adoré; Dilézim, ſemblable au
lis éclatant qui s'éleve au milieu d'un
verger ſolitaire, & qu'un Voyageur
inattentif foule à ſes pieds; Dilézim
ne brilla qu'un matin: le ſoir eſt venu,
& ne l'a point trouvé; la nuit ne le
connaît pas; le ſoleil à ſon lever ne le
reverra plus.

Zulima couchait dans l'appartement de ſa mere, & elle dut le ſalut
de ſes jours à cette heureuſe circonſ-
tance. Toutes deux échapperent à la
mort qui les environnait, par le zele,
la prudence & le dévoûment vertueux
d'un Eſclave reconnaiſſant. O riches

& puiffans ! du trône fantaftique que
votre orgueil & la baffe adulation vous
ont élevé, vous écrafez le pauvre ;
vous foulez d'un pied fuperbe les malheureux que le travail tient courbés
fur la terre; vous fecouez fur leurs
têtes la poufliere pénétrante du mé-
pris. Arrêtez, hommes infolens, hommes injuftes ! l'habit le plus vil, celui
même de la fervitude, cache fouvent
un cœur généreux. J'ai trouvé plus
de vertus, plus d'humanité fous le
chaume, que dans les Palais lambriffés
d'or & décorés de colonnes d'albâtre.
Ceux qui les habitent leur deviennent
bientôt femblables : les jafpes & les
métaux font moins froids & moins
durs que leurs cœurs. Kamchatfcut eft
le nom de l'Efclave qui fauva Zulima.
Le Tibet eft fa Patrie. Habile à manier un cheval, il connaît les belles
races, & poffede plufieurs fecrets pour
les conferver fans dégradation. C'eft
lui qui, dans la Capitale de la Syrie,

dreſſait au joug les courſiers deſtinés
à traîner le char pompeux où l'époux
de Dalimeck aimait à ſe montrer. Kamchatſcut put devenir libre, il préféra
de reſter eſclave de celle qui voulait
l'affranchir. J'ai dit qu'elle le garda,
mais qu'elle fit mener au Bazar * le
char & les courſiers. Un ſeul, le plus
beau qu'eût produit l'Arabie, ne fut
point vendu : les Marchands , avides
de gain, n'óſaient en donner ſa valeur. L'Eſclave Tartare s'en applau-
diſſait en ſecret ; mais un matin il reçoit l'ordre de le mener au fils du Viſir Cazemladal, qui promet d'en donner mille pieces d'or. L'Eſclave frémit ;
& ſe jettant ſur le col du cheval, il
le careſſe, l'entretient de ſes regrets,
& lui fait ſes adieux. Il eſt entendu ;
l'animal intelligent lui répond dans
un langage que le Tartare entend
auſſi. Soudain ſa douleur augmente,

---

* Marché public.

fes gémiffemens fe changent en cris ;
ils percent jufqu'à Dalimeck. Elle
s'alarme, elle accourt ; & apprenant
le fujet d'une affliction fi vive, peu
extraordinaire dans un Tartare, elle
fourit doucement. — « Kamchatfcut ;
» je n'affligerai point ton ame ; ce
» courfier, docile à ta voix, eft ton
» ouvrage, le produit de tes foins,
» qu'il en foit la récompenfe : il eft à
» à toi ». L'Efclave reconnaiffant
tombe aux genoux de fa généreufe
Maîtreffe ; il s'écrie : « Et le fils de
» Cazemladal vous offre mille pie-
» ces d'or ; . . . mes faibles fervices ne
» pourront jamais acquitter . . . . .
» Non, non, fouffrez que je conduife
» au fils du Grand-Vifir . . . ». Dalimeck fourit encore, charmée d'avoir
furpris un noble fentiment dans une
ame dévouée à la baffeffe. — « Crois-
» tu que l'or réjouiffe autant mes yeux,
» que fa poffeffion plaife autant à mon
» cœur, que le fpectacle de la vertu ?
» J'ai

» J'ai vu la tienne, je vois ta joie, &
» j'éprouve un grand contentement...».
« Hélas! ajouta-t-elle, qu'on eſt heu-
» reux de ne verſer que des larmes
» qui peuvent ſe tarir »! Elle dit, &
les ſiennes inondent ſon viſage. Elle
fuit pour les cacher à l'Eſclave, qui,
toujours proſterné, la remercie & la
bénit long-tems après qu'elle ne l'entend plus . . . Mes amis, vous ſavez
maintenant ce que fit cette femme
bienfaiſante. J'ai ſuſpendu, ſans m'en
appercevoir, le récit & le ſentiment
de ſes malheurs, pour vous conter ce
trait de bonté envers ſon Eſclave.
Bientôt elle lui devra la vie : l'Eternel
garde un prix à la vertu.

Aux premiers coups de tonnerre,
Kamchatſcut s'était éveillé. Il voit le
Ciel en feu, la terre tremble ſous ſes
pas ; il court à l'appartement de ſa
bienfaitrice : la porte fermée ſur elle
ne lui oppoſe qu'une vaine réſiſtance;
il la briſe d'un bras vigoureux, s'a-

vance, jette fur Dalimeck les premiers
habits qu'il rencontre, l'en enveloppe,
& la charge précipitamment fur fes ro-
buftes épaules. Elle s'étonne. — « Laif-
» fez-moi vous fauver; . . vous ver-
» rez . . . vous faurez tout . . . Mais
» où repofe Zulima ? — C'eft-là, là;
» elle dort malgré le bruit affreux,
» elle dort du profond fommeil de
» l'innocence ». Il l'enleve dans fes
bras, les arrache toutes deux à cette
terre ingrate qui s'écroule fous leurs
pieds, gagne la campagne, court,
vole, fier de cette charge, & s'ap-
plaudiffant d'avoir vécu. Dalimeck
éperdue ne fait encore où elle eft,
qui l'enleve, fans fon aveu, à fa maifon qui s'abyme, à fon fils qu'elle de-
mande à grands cris. Elle l'appelle en
vain. Dilézim a déjà paffé ce Pont
redoutable, jetté dès le commencement du monde fur le profond abyme
qu'il embraffe dans fon immenfe étendue : les bafes de fon arche infinie re-

posent sur les pôles mobiles de cet
espace sans bornes. Tout être sensible
frémit & recule à la vue de cette voie
inévitable ; le vieillard voudrait dé-
tourner ses pas de ce sentier terrible
qui mene de la mort qu'il craint à une
vie qu'il ne connaît pas, & qui joint le
tems à l'éternité.

Dilézim n'entend plus la voix qui
l'appelle ; ses vains éclats se perdent
dans les airs qui en sont frappés sans
en être émus, & qui les réfléchissent
sans y être sensibles. — « Arrêtez, ar-
» rêtez, poursuit cette mere désolée ;
» c'est en vain qu'on m'arrache à la
» mort, si mon fils doit en être la
» proie. Guidez mes pas vers mon
» fils ; je veux le sauver, il en est
» tems peut-être : mais non ; il n'au-
» ra point échappé à la destruction
» du monde ; seule j'y survis. . . .
» Hélas ! je survis à tout ce qui me
» fut cher ».

Kamchatscut pressé de la dérober

au danger , & ´ fentant l'impoffibilité
d'y fouftraire Dilézim , précipite fes
pas loin de ce foyer deftructeur; mais
Dalimeck ceffant de prier, & ramaf-
fant toutes fes forces , lui commande
d'un ton plus ferme & plus abfolu de
la laiffer libre. — « Je retrouverai mon
fils , ou je mourrai près de lui. . . .
Ma chere Zulima , que je t'embraffe
pour la derniere fois : bientôt tu
n'auras plus de mere ». L'Efclave interdit n'ôfe plus éluder des ordres
qu'il a coutume de refpecter ; il voit
tout le danger , mais fon obéiffance
trahit fon zele. Il s'arrête , il foupire,
il gémit & pofe lentement fur la terre
qui s'agite encore , les deux objets
de fa vénération & de fon amour.
Dieu ! que devient - il , que devient
Dalimeck , en voyant Zulima trempée
d'une froide fueur, immobile & fans
connaiffance ! « ô Dilézim ! ô Zuli-
» ma ! ô mes enfans ! s'écrie-t-elle » ;
& puis ferrant fa fille contre fon cœur,

elle la réchaüffe de fes baifers, l'enveloppe de fes vêtemens, effaie &
défefpere de la rappeller à la vie. Le
bon Tartare les regarde avec l'œil
de la douleur; il ne pleure pas, il
invoque les Dieux & les hommes, il
appelle tous les êtres fenfibles, toute
la nature à fon fecours. Inutiles cla-
meurs ! Dans ce moment terrible, les
hommes fourds à toute autre voix
qu'à celle du danger, y fuccombaient,
ou tâchaient de s'y fouftraire par la
fuite, & la nature en convulfion fuivait irréfiftiblement les loix de l'Eternel. Comme lui, fes loix font immuables. Cependant Zulima fouleve
un bras glacé ; fes doigts, femblables
à de légers rouleaux de neige, font
plus flexibles, ils preffent doucement
la main qui les réchauffe ; fes beaux
yeux, long-tems fermés, s'ouvrent &
fe portent fur fa mere, fur l'Efclave,
fur toute la campagne. — « Je ne
» vois point Dilézim ! . . . . moñ

» frere eſt mort ! . . . . ». Elle dit, &
ſes yeux ſe referment auſſi-tôt , &
ſes bras retombent ſur le ſein agité
de ſa mere , qui les mouille de larmes brûlantes. Kamchatſcut , au dé-
ſeſpoir, parle ainſi à Dalimeck : « Vous
» n'êtes point en ſûreté.... plût à
» Dieu que vous y fuſſiez ! Pour-
» quoi vous oppoſiez-vous ? . . . . .
» Reſtez maintenant ici. Je vous
» quitte : mais je ſaurai vous en arra-
» cher. J'irai ſeul : pour vous, demeu-
» rez auprès de Zulima. L'ombre de
» la mort l'environne , & celle de
» la nuit en augmente l'horreur ».
Dalimeck tremblante , éperdue , par-
tagée entre le deſir de retrouver ſon
fils & la crainte d'abandonner ſa
fille, ſe leve , s'aſſied pour ſe lever
encore , & ne ſait à quoi s'arrêter.
— « Ne me ſuivez pas, ô ma reſpec-
» table Maîtreſſe, fiez-vous à mon
» zele. Je retourne dans cette mai-
» ſon. . . . . Hélas ! elle n'eſt plus !

» J'en fouillerai les ruines ; je vous,
» rendrai votre fils, . . . je ne re-
» viendrai point fans lui ». Il part,
il s'éloigne avec la vîteſſe du jeune
daim, ou de la vigogne légere, qui
faute de rochers en rochers au-def-
fus des précipices, fans les regarder
& fans les craindre. Il eſt au pied
du mont Ararat, à l'endroit même
où les feux qui brûlaient fes racines
fe font ouvert une large iſſue. Par-
tout il cherche fon jeune Maître ; il
court, il marche fur des dècombres,
& paſſe au travers des flammes fans
en être épouvanté. Il rencontre à
chaque pas des animaux étouffés, des
hommes & des femmes brûlés, écra-
fés, par-tout des morts & des mou-
rans. Les cris de la douleur & ceux
du défefpoir , le mugiſſement des
taureaux qui expirent & des bêtes
féroces qui fuient épouvantées, fe mêlant au bruit des torrens qui defcendent des montagnes, aux éclats de

la foudre qui tombe fur les arbres
qu'elle brife & fur les rochers élevés
qu'elle précipite dans les vallées,
viennent augmenter l'horreur de cette
fcene terrible. Le nom de Dilézim
fe fait entendre au milieu du fracas
de la deftruction. Dilézim n'eft plus,
difait le jeune Tartare, la face tournée
vers le Ciel, & les échos répétaient
au loin dans la campagne : *Diléʒim
n'eft plus*. Ces lugubres accens, prolongés jufqu'à Dalimeck, frappent fon
oreille attentive, & viennent retentir
fur fon cœur. Hélas ! ce nom chéri
avait difparu du grand livre de vie;
le doigt de Dieu l'avait effacé. Les
triftes reftes de ce jeune homme gif-
faient fur le fable, embarraffés fous
l'énorme platane qui l'avait écrafé de
fa chûte.

A cette vue, le fidele Efclave
pouffe un cri lamentable, laiffe tom-
ber une larme fur ce corps défiguré,
& le chargeant fur fes épaules, s'éloi-

gne précipitamment, & retourne vers
Dalimeck, dont il redoute la préfence plus que les atteintes de la mort.
A peine a-t-il fait deux cents pas,
qu'il entend le henniffement d'un cheval ; c'étoit le fien, qui, mené par
l'inftinct le plus fur des guides, avait
fui dans la campagne aux premiers
indices du danger.

Avec une rapidité femblable à celle
du chevaux du foleil, il parcourt le
rocher qu'un torrent impétueux
inonde & blanchit. Sous fes pieds légers, le fable mobile s'échappe, la
terre détrempée coule avec l'eau, &
la jeune vigne roule avec le fapin dé-
raciné qu'elle embraffe. Le voilà dans
la plaine. Il y fuit Kamchatfcut, le
devine, le voit & l'atteint. Ses hen-
niffemens, fes fauts précipités atteftent à fon Maître la joie qu'il fent
de l'avoir retrouvé. Kamchatfcut,
furpris & charmé, monte le courfier docile, remercie le Ciel de cet

C 5

heureux fecours, & pourfuit fon chemin, portant dans fes bras le corps
glacé de Dilézim.

Dalimeck, que l'inquiétude tenait
debout, l'apperçoit de loin à la
lueur des éclairs; elle court au-devant de l'Efclave: — « Me rapportez-
» vous mon fils?... Que cette géné-
» reufe action ne refte pas fans ré-
» compenfe «! Et fe faifant donner
cet objet de douleur, elle l'approche de fon fein maternel, & elle dit:
« C'eft bien là mon fils! c'eft Dilé-
» zim! Ainfi j'ai tenu long-tems fon
» pere, il était froid comme lui; je
» baifais fa bouche, & fa bouche ne
» me rendait pas mes baifers; je lui
» parlais encore, & il ne me parlait
» plus!... Dilézim! tu n'entends pas
» la voix de ta mere! tu reftes infenfi-
» ble à mes larmes!... O toi qui
» me frappes, ... toi que j'adore,
» Dieu puiffant, foutiens-moi! ....
» je te loue, je te rends grace de

» m'avoir fait trouver mon fils. Je
» peux encore l'approcher de mon
» cœur, baifer fes joues enfanglan-
» tées, laver fes plaies de mes lar-
». mes ». Elle dit, & tombe pâmée
en l'embraffant. Son ame eft anéan-
tie, brifée par la douleur ; mais Dalimeck refta foumife, & le Ciel lui
rendit le courage.

Revenue de fon évanouiffement
par les foins empreffés de l'Efclave,
elle parle ainfi à Zulima, qui, à la
vue de fon frere mort, & de fa mere
fans connaiffance, fe défefpérait.
— « Zulima ! ceffe tes cris déchirans !..
» Eft-ce ainfi que tu confoles ta mere ?
» Ecoute : les préceptes de la fageffe
» ne font point étrangers à ton cœur.
» Retiens bien mes paroles : le grand
» Etre, qui crée & qui détruit, nous
» donne la vie quand il lui plaît ; &
» nous l'ôte quand il veut. Chétives
» créatures, dirons-nous à ce Maître
» abfolu des deftinées : Pourquoi nous

» prêtez-vous la vie, & pourquoi nous
» l'arrachez-vous ? Devait il de longs
» jours à ton frere ? lui - en devait - il
» un feul ? avons - nous des droits à
» un bonheur fans fin ? Hélas ! je puis
» fouffrir davantage ! Zulima peut de-
» venir malheureufe »!.. — Nous, ma
mere ! ô Ciel ! . . . Mais tu ne m'as
jamais trompée, & je fuis accoutu-
mée à te croire ; pourquoi dis - tu que
nous pouvons être plus infortunées ?
« Enfant de la douleur, reprit Dalimeck, en preffant dans fes mains
celles de fa fille ; « enfant chéri, dans
» lequel fe repofe mon cœur navré,
» ne fais-tu pas que tes jours fi pré-
» cieux à ta mere tiennent à un fil
» délié, que la mort peut trancher
» tout-à-l'heure ? . . . . Et les jours
» de ta mere font-ils plus en fureté
» que les tiens ? . . . ô ma chere Zuli-
» ma, fi je te voyais expirer ! . . . .
» fi dans ce moment tu perdais ta
» mere ! . . . . qui t'aimerait comme

» moi ? qui fur la terre prendrait ta
» défenſe » ? ... Zulima fit un cri,
& ſes yeux qui ne verſent plus de
larmes , peignent le faififfement &
l'effroi.

Cependant Kamchatſcut , toujours
plus alarmé , preffe Dalimeck de
fuir. — « Ce cheval vous attend ,
» montez ; je placerai Zulima der-
» riere vous, je reprendrai ma char-
» ge ; hâtons-nous de gagner l'autre
» côté de la montagne, partons; ..
» vous êtes encore expoſée ici : mais
» tout eſt calme là-bas ; des bergers
» nous y recevront, je les connais,
» ils m'ont ſouvent offert du lait de
» leurs troupeaux. Je vous mene chez
» Fatime ; elle eſt pauvre, mais elle
» aime à donner, elle vous recevra
» bien. Je l'ai quelquefois entretenue
» de vos vertus, & je l'ai vue pleu-
» rer d'attendriffement. Oh ! com-
» bien elle fera touchée de vos mal-

» heurs !... Venez dans fa maifon,
» venez, ne différons plus ».

Ils marcherent long-tems dans les
ténebres : le foleil vint enfin éclairer
leur route ; il était à fon midi, quand
ils arriverent à la cabane de Fatime. Elle les reçut avec joie, les
plaignit, & s'empreffa de les fou-
lager.

Cette veuve avait deux fils, encore
dans l'adolefcence, Nourzivan &
Barhem, qui gardaient les troupeaux
fur les montagnes. Elle les envoya
chercher, & préfentant à Dalimeck
quelques vêtemens communs : « Prenez
» ces groffiers habits, lui dit-elle,
» & revêtez Zulima, qu'ils pour-
» raient bleffer par leur rudeffe, de
» la robe légere qui vous couvre.
» Hâtons-nous ; j'entends le pas
» de Nourzivan & la voix de Bar-
» hem ; voilons à leurs yeux encore
» innocens, tant de graces & de

» charmes ». Ils arrivaient en effet,
& Zulima, plus occupée à écouter le
difcours de Fatime qu'à réparer le
défordre de fes habits, rougit à leur
approche. « Mes enfans, dit leur bonne
» mere, le faint Prophete qui nous
» aime, nous envoie des hôtes que
» le malheur pourfuit ; rendons-nous
» dignes de l'amour du faint Pro-
» phete, en nous efforçant de les
» bien recevoir & de les confoler ».
Auffi-tôt elle étend plufieurs nattes
fur la terre : Barhem court ramaffer
les feuilles que le vent de la nuit
avait détachées des arbres, les arrange fur les nattes ; Dalimeck & fa
fille fe couchent fur ce lit groffier,
Fatime le couvre de peaux de che-
vres ; & Barhem regardant Zulima
qui pleure, pleure auffi, fe tient debout devant elle, immobile & dans
le filence.

Mais Nourzivan vole à fes brebis,
remplit une taffe d'un lait pur & tiede,

& court l'offrir à Zulima ; tout-
à-coup il s'arrête, rougit, baiſſe les
yeux, & la préſente à Dalimeck :
elle la reçoit avec un léger ſourire,
boit par complaiſance, fait paſſer le vaſe
à ſa fille, qui détournant la tête le
remet à Nourzivan. Le jeune homme
demeure affligé. Barhem ſort alors
de ſa rêverie : il s'avance, ploye un
genou devant la beauté qu'il adore
déjà, l'exhorte, la ſupplie, la preſſe
d'accepter ce breuvage rafraîchiſſant;
il fait, ſi jeune encore, détruire des
répugnances, combattre des refus, &
perſuader. Zulima prend la coupe,
& ne la lui rend qu'après en avoir
épuiſé la liqueur. L'amoureux Berger ſourit : on lit, ſur ſon front
plus coloré, qu'il s'applaudit de ce
triomphe. Mais Fatime, engageant
ſes belles Hôteſſes à ſe livrer au repos, & faiſant ſigne à ſes fils de la
ſuivre, elle ſort pour les laiſſer toutes deux en liberté. Barhem ſuit len-

tement fon frere, & le haut de fa
tête vient frapper la porte qu'il
croyait loin de lui. — « Ma mere, que
la douleur eft touchante dans les
beaux yeux de Zulima! qu'elle eft belle!
que fes longs cheveux noirs prêtent
d'éclat à fon vifage ! fon jeune front,
qu'ils couronnent , reffemble à la
pierre polie de la fontaine Barzabuc,
qui brille au milieu des ténébres ».
Nourzivan ajouta : « Zulima n'eft
point Bergere ; mais qu'eft-elle? Eft-ce
donc une Reine? eft-ce 'l'époufe du
Sultan »? Barhem fe hâta de répondre:
— « L'époufe du Sultan n'eft qu'une
femme, & Zulima fans doute eft Fée
ou Génie. . . . . . On dit qu'on en
voit de ces puiffantes Fées, qui dérob-
bant aux étoiles leur clarté, & à la
lune fa douce lumiere , paraiffent
plus refplendiffantes que ces aftres, &
viennent pendant les belles nuits d'été
fe promener dans les montagnes.
Malheur au Berger négligent, que le

fommeil a furpris dans un bocage !
il y demeure pour toujours immobile & *charmé*. Le jeune Rubens, fi
léger à la courfe, fut, le printems
dernier, *charmé* par une Péris. Hélas !
depüis ce tems, il n'a plus reparu ni
dans les vallées, ni fur la montagne.
O ma mere ! quand vous m'avez
appellé, je n'imaginais pas pouvoir
vous fuivre : j'étais comme enchaîné
par la préfence de Zulima ; la force
de fes enchantemens me fixait fans
doute auprès d'elle ». — « Evite, répond fon frere, que ces derniers mots
affligent, les regards pétrifians de
cette dangereufe Péris ! . . . Ma mere !
ne tremblez - vous pas pour Barhem ? . . . . Il faut, s'il eft poffible,
lui cacher Zulima ».

Fatime ne peut s'empêcher de fourire : — « Que ferai-je , dit-elle ? man-
» querai-je d'humanité ou de pruden-
» ce ? refuferai-je ma cabane à Zu-
» lima qui n'a plus de cabane ?

» Non , . . .mais elle eſt ſi belle ,
» Zulima ! ſi belle ! mais j'expoſe mes
» fils. . . . , N'importe ! faiſons tou-
» jours le bien ; ſi je dois y trouver
» ma perte , puis-je l'empêcher » ?
Elle arrive avec ſes enfans derriere
ſa cabane , ſous un angar où s'é-
tait retiré Kamchatſcut ; elle lui dreſſe
elle-même un lit de nattes & de feuilles , & ſes fils préſentent à leur hôte
des fruits & du lait. Après ce léger
repas , ils dépoſerent dans. une grotte
le corps de Dilézim , & le bon Eſclave alla prendre le repos dont il
avait ſi grand beſoin. Pendant ce
tems les deux fils de Fatime furent
cueillir des aromates ; & montant ſur.
les arbres précieux qui donnent les
baumes conſervateurs, l'aloës, la myr-
rhe , l'encens , ils en détacherent les
gommes , les réſines odorantes , &
préparerent tout pour les funérailles
de Dilézim.

Dalimeck dormit juſqu'à la fin du

jour, mais d'un fommeil agité : pour
Zulima, fon imagination encore effrayée du fpeftacle de la nuit, ne
lui permit pas de repofer; tantôt debout, & tantôt profternée, elle appelle fon frere, & invoque la mort:
La profonde nuit vit fa douleur
amere ; le matin fut témoin de fon
défefpoir. Quel affreux moment ! Le
corps enfanglanté de fon frere eft
porté de la grotte dans un bain d'aromates, & bientôt après on l'embau-
me, comme c'eft la coutume envers
les morts qu'on veut honorer. . . .
Je crois entendre les cris de Zulima !. . . . Mais Dalimeck vient l'arracher à cette fcene déchirante, l'en-
traîne fous leur cabane, & là, s'efforçant de cacher fous des dehors
tranquilles une profonde douleur, elle
effaie de confoler fa fille. Fatime qui
les obferve, & ne fait point diffimu-
ler, dit avec l'œil & le gefte de la
furprife : « Eh quoi ! la nature peut-

» elle fe tromper? croirai-je qu'elle
» parle avec plus de force à la fœur
» qu'à la mere de Dilézim ? Eh! qui
» doit favoir mieux pleurer un en-
» fant que fa mere ! — O Fatime !
» je ne fuis point infenfible. Mais
» quand le fentiment fait couler fur
» les joues de ma fille les larmes de
» l'affliction, la raifon vient effuyer
» les miennes. J'appelle raifon, la fou-
» miffion abfolue de la créature
« aux volontés immuables du fouve-
» rain Maître du monde. Voudrais-je
» qu'il changeât exprès pour moi
» l'ordre de l'Univers ? voudrais-je
» ce qu'il ne veut pas? lui deman-
» derais-je l'impoffible ».

Zulima arrête fes gémiffemens pour
écouter fa mere ; elle n'ôfe plus y
mêler de plaintes, mais elle laiffe
encore échapper un foupir. De grof-
fes larmes roulent de fes yeux couleur du Ciel, fur fa joue veloutée qu'elles mouillent à peine : ainfi les pleurs

de l'aurore roulent en perles liquides
fur le pavot naiffant ; le voile de Zulima refte humide comme un linge
long-tems expofé à la rofée du
matin.

Fatime, plus étonnée, fixe fes ré-
gards fur Dalimeck, dont le vifage
lui paraît célefte ; & pénétrée d'un
faint refpeft, elle lui dit : « O femme
» fublime, je vous admire autant que
» je vous plains ; mais continuez de
» m'inftruire, répondez - moi : Dieu
» défend - il les pleurs aux enfans de
» la terre ? vos yeux, toujours fe-
» reins, n'ont - ils jamais verfé de
» larmes? —Fatime, j'ai long- tems
» pleuré, . . . je me fuis nourrie d'af-
» fliction : je dois ma réfignation à
» mes malheurs. Il y a feize ans que
» Dilézim ouvrit les yeux à la lu-
» miere ; c'était dans Alep : fon pere
» le reçut dans fes bras. . . . . Mon
» fils ne reverra plus Alep ; je ne
» reverrai plus mon fils, . . . je ne

» reverrai plus fon pere dont il fit
» douze ans le bonheur !`. . . . Fati-
» me ! n'eſt-ce donc rien que douze
» années de ſuprêmes félicités ? Dieu
» qui me·les donna dans ſa bonté,
» m'en avait-il promis davantage ?
» Quatre ans encore cet enfant, après
» avoir fait les délices de mon époux,
» fit ma conſolation. . . . Il meurt
» jeune, dis·tu, ma chere Zulima ?
» Nos plaintes ſont toujours folles &
» déplacées : il pouvait à jamais reſ-
» ter dans le néant; il pouvait n'en
» ſortir que pour un an, pour un jour;
» & ſa mort, qui n'afflige que nous,
» eût porté la déſolation dans l'ame
» de mon époux ! . . . Je te rends gra-
» ces, ô Ciel ! d'avoir épargné ce
» tourment au ſenſible Palamir. . . Il
» meurt jeune ! Et qu'importe, puiſ-
» qu'il faut mourir ! Compte-t-on
» dans le tombeau, les années qu'on
» a paſſées ſur la terre ? Il a vu le ſo-
» leil, les merveilles de la nature; il

» a connu le plaifir d'aimer; celui
» d'obliger, les délices de la vertu...
» Dilézim vécut affez ! Vous de-
» mandez, Fatime, fi Dieu nous dé-
» fend les larmes ? Eh ! ne font-elles
» pas le partage de l'homme? Croi-
» rais-je que celui qui le créa fenfi-
» ble & faible, qui lui donna l'idée
» & le defir du bonheur, s'offenfe
» quand l'homme fent, quand l'hom-
» me pleure, quand il fouhaite d'ê-
» tre heureux? Cet Etre tout-puif-
» fant eft auffi toute juftice & toute
» bonté ».

« Cependant, repliqua Fatime, vous
poffédiez de grands biens, & vous
n'avez plus de biens; vous habitiez
un Palais, & vous vivez dans une
pauvre chaumiere ! . . . . Ce que j'ai
fous le Ciel, je m'eftime heureufe
de le partager avec Dalimeck & mes
enfans : mais familiarifés avec la mifere, des fruits fauvages, des légumes
groffiers font notre commune nourriture,

riture, & nous fommes contents. Six
brebis, ma feule richeffe, nous raf-
fraîchiffent de leur lait ; nous fommes vêtus de leurs toifons. Quelle
nourriture, quels habits pour Dalimeck & fa fille, accoutumées aux
délicateffes de l'opulence, à l'éclat de
la grandeur ! Ce qui fuffit à nos befoins fuffira-t-il aux vôtres »? — « Oui,
bienfaifante Fatime, nous trouverons
chez vous le néceffaire, que la nature
ne refufe jamais à l'homme laborieux.
Eh ! qu'importe le refte ! votre cabane
eft affez grande pour nous loger
tous. Kamchatfcut eft plein de courage & d'adreffe ; il fait couper les
grands arbres, façonner des planches,
& conftruire une folide cloifon. Je
peux, par fon travail, me ménager
auprès de vous, & fous le même toit,
une retraite commode. Séparés quelquefois, nous nous réunirons fouvent,
& nous nous retrouverons avec plus
de charmes. Il n'ignore pas non plus

D

l'art de cultiver la terre : vous verrez,
par fes*foins , croître autour de nous
le riz, le millet, le lin , cette herbe
long-tems inutile , & que l'induftrie
de l'homme a fu rendre précieufe.
Zulima fait en tirer un fil fort ou
délié ; fes mains, accoutumées à manier
la navette, le plieront en réfeau. Vous
connaiffez l'ufage des filets ? nous
tendrons les nôtres près des champs
cultivés , au milieu des prairies ; les
oifeaux étourdis , les poiffons avides
deviendront notre proie. Que craignez-vous , bonne Fatime ? la Providence veille pour nous ; elle tient fous
fa garde dans ·Alep, elle mit en réferve pour moi , malgré moi - même,
deux caravanferays affermés fix mille
fequins. Je voulais , fuivant le con-
feil intéreffé d'une vaine prudence ,
m'en défaire ainfi que de mes autres
biens ; je me difais : il eft fage d'em-
porter avec moi tout ce que je poffede. . . . . Que les vues des faibles

mortels font fauffes & bornées ! Salem & Mazourabac occupent encore
mes caravanferays; en cédant à leurs
prieres , je me crus généreufe, & je
ne fis fans doute que remplir les def-
feihs impénétrables de la Providence.
Le bien que je voulus procurer aux
deux Marchands , me demeure tout
entier. Depuis quatre ans que j'habite
ces campagnes folitaires , je n'ai point
entendu parler d'eux , & ne m'en
étonne pas ; nous fommes fi loin
d'Alep ! j'efpere cependant y faire
paffer des lettres. Je dirai au jeune
Mazourabac; je dirai au bon vieillard
Salem : J'étais riche , & je fuis devenu
pauvre ; faites - moi part de mon
bien. . . . . . Alors , Fatime , alors
nous aurons des troupeaux, & nous
pourrons donner à nos voifins des
agneaux & du fait. Je fais la maniere
d'enlever à la brebis craintive, à la
la chevre vagabonde , leurs blanches
toifons ; je connais l'art plus difficile

de les préparer, de les filer & de les
teindre. Jettons - nous dans les bras
de la douce efpérance. . . . Ma chere
Zulima ! bonne Fatime, & vous aimables enfans , que déformais j'ap-
pellerai mes fils, croyez-moi, le travail , l'exercice de la bienfaifance, la
paix & la douce amitié , nous don-
neront encore de beaux jours ». Ainfi
parla Dalimeck à Fatime , à ces jeunes enfans qui l'écoutent en filence.
Le feu divin qui jaillit de fes yeux ,
pénetre leurs ames & les embrafe :
l'aimable perfuafion , qui coule de
fes levres, repofe dans tous les cœurs.
Zulima parut confolée , Fatime plus
confiante , fes fils & le jeune Tartare plus preffés que jamais du
defir d'être utiles. De ce jour même,
les travaux furent réglés & partagés
entr'eux. Déjà Kamchatfcut , armé
d'un fer tranchant, déchire le fein
de la terre ; déjà fur la vafte croupe
de la montagne, s'etendent de longs

fillons tirés au cordeau : Nourzivan
vient l'aider quelquefois, & fe mon‐
tre toujours docile à fes leçons. La
pêche, la chaffe, la coupe des bois,
occupent le refte de fon tems. . . . .
Qu'il eft bon, qu'il eft généreux, le
frere de Barhem ! il s'eft réfervé la
tâche la plus pénible , & laiffe à fon
cadet, plus faible & plus timide, la
garde du troupeau. Mais forcé de
s'éloigner de Zulima , fes yeux ver‐
fent des larmes.— « Paiffez , dit-il, ô
» mes cheres brebis, l'herbe fleurie
» fur laquelle Zulima viendra fe re‐
» pofer ! que l'heureux Barhem vous
» conduife près d'elle ! que leurs
» mains vous careffent & faffent jaillir
» dans des coupes tranfparentes votre
» lait nouriffant ! . . . Pour moi, . . .
» mes jours vont s'écouler dans un
» exil rigoureux ! tant que le foleil
» éclaire l'horifon, j'erre dans la
» profondeur des forêts à la pourfui‐
» te du faon timide , & ma main

D 3

» laffée d'une lourde charge vient
» encore, à l'approche de la nuit,
» tendre des filets aux poiffons: ..
» ils font pour Zulima, & je plains mes
» peines! Non! non! mais Zulima ne
» fourit qu'à Barhem!.. il chante Bar-
» hem! il chante, & moi ... je pleure»!
Ainfi foupire Nourzivan, victime du
cruel amour, & de la jaloufie fon
éternelle compagne. O fille de Dalimeck, que votre afpect eft redoutable ! vous êtes armée de la beauté qui
foumet les Rois, & qui les furpaffe
en puiffance. Vos yeux portent dans
l'ame l'affliction & la joie, le défefpoir & les raviffemens, la mort & la
vie. Vous avez fouri, & Nourzivan,
à fon aurore, éprouve que l'exiftence
eft un mal , & Barhem fent avec
tranfport qu'il commence à vivre
pour le bonheur! Le premier dans
les champs, lorfque la Déeffe du matin, pourfuivant la nuit, vient teindre le ciel de pourpre & rendre aux

prairies leurs couleurs variées : il
mêle à la rofe qui vient de naître, la
jacinthe en bouton ; dépouille les
orangers de leurs fleurs odorantes,
de leurs fruits couleur d'or ; en charge
la corbeille que fes mains ont
tiffue, vole à la cabane où repofe
Zulima ; & penché fur fa porte, ofant
à peine refpirer, il écoute, il attend
en filence le moment de fon réveil.
Le moindre bruit le déconcerte &
le trouble ; il craint, il defire, il
efpere, il jouit déjà du bonheur qu'il
attend. Le bruit augmente, & fon
émotion redouble. Il arrange de nouveau la corbeille qu'il vient d'arran-
ger, place auprès des lis les grena-
des en fleurs, les jafmins avec les
amaranthes. Il voudrait affortir les
couleurs comme il les a vues fur le
vifage radieux de Zulima : mais elle
paraît plus fraîche, plus vermeille à fon
lever, que la rofe cueillie avant le jour;
l'éclat de fon front ternit la blanche

fleur du citronnier placée dans ſes
cheveux ; le narciſſe encore humide
de la roſée du matin , ſemble jaune
& flétri. Barhem demeure étonné,
rit de ſa vaine entrepriſe, y renonce,
s'avance timidement ; & le cœur
agité , la main tremblante , attache
aux bras de ſa jeune Maîtreſſe des
guirlandes nouvelles , & ſur les charmes qu'embelliſſent ſes dons , il prend
autant de baiſers qu'il a poſé de fleurs.
Zulima ne s'en défend pas , ne ſonge
pas à s'en défendre : mais elle rougit &
n'ôſe regarder Barhem , qui craint
d'arrêter ſes yeux ſur Zulima. Leur
timidité , leur innocence , leur émotion ſont égales. Heureux enfans !
heureux âge ! beaux jours de ſimpli-
cité, d'ignorance profonde ! c'eſt le
tems de l'amour , c'eſt le tems du
bonheur , c'eſt du moins celui où
l'on en parle avec confiance. Senſible
Zulima ! tendre Barhem ! vous êtes
au matin de la vie : goûtez ſans dif-

traction, fans inquiétudes, fans remords, les délices d'un amour innocent! il n'en eft point de plus ravif-
fantes ici-bas. Hommes avides, am-
bitieux , frivoles , vous pourfuivez
péniblement la fortune, la gloire, de
vains honneurs ! vous courez après
des plaifirs difficiles & faux, & vous
avez l'amour ! . . . . Tout ce qu'il a
de tendreffe, de tranfports & de
flammes , eft paffé dans l'amè de Barhem. Il fait à la fois le fentir, le peindre & l'infpirer. S'il aime éperdù-
ment, il eft aimé de même : il en
fait, il en reçoit l'aveu enchanteur,
fans l'avoir prévu, fans l'avoir de-
mandé; fon raviffement tient du délire. . . . . . O mes amis ! le doux
moment, où pour la premiere fois on
dit qu'on aime ! plus doux encore
eft cet autre moment où l'on fent,
où l'on voit, où l'on s'entend dire
qu'on eft aimé ! Cette premiere fa-
veur de l'amour eft la plus defira-

D 5

ble. . . . . Inftant unique dans la vie,
vous n'êtes plus , vous avez fui ! &
nul autre inftant ne vous remplacera
jamais ! Reffouvenirs enchanteurs !
vous charmez mes derniers jours;
vous confolez ma vieilleffe. Maintenant que mes pieds chancellent, que
ma tête s'abaiffe fur ma poitrine qui
s'enfonce, & que mes cheveux ont
pris la couleur des cygnes qui fe prome-
nent fur le bord des étangs, conftant
adorateur de l'amour , je m'en occupe
encore, & lui adreffe des vœux. Bien-
faiteur du monde , innocent enfant ,
tendre amour ! ce n'eft pas le cœur
comblé de tes délices que j'envie ;
c'eft le cœur pour qui tu les ré-
ferves, qui les defire, les attend &
les ignore. . . .

Ecoutez , enfans des hommes , je
vais vous peindre l'heureux Amant
de Zulima. C'eft le plus beau des
Bergers qui gardent les troupeaux
dans les vallées d'Ifcheniazin. Son

œil a la couleur de l'ébene . & le
feu du diamant ; ſes longs cheveux
blonds , qui s'étendent en boucles
inégales , reſſemblent aux ondes du
Pactole, roulant ſur un ſable d'or ;
ſa bouche 'eſt comme le bouton du
pavot qui s'entr'ouvre , ſes dents
comme les fleurs du - muguet ; ſes
paroles ont la douceur du miel. Ce
qu'il dit , plaît, intéreſſe & perſuade
toujours. Sa voix flexible prend tous
les tons de la nature, imite tous les
bruits , celui des vents déchaînés
dans les montagnes & ſiflant à travers les branches fracaſſées des ſapins,
& celui du zéphyr reſpirant ſous des
berceaux de myrthes & de roſes : il
rend avec la même facilité les ſons
aigus du champêtre flageolet , & les
tendres accens de l'amoureuſe fau-
vette. Barhem , encore enfant , ſavait
imiter , & maintenant qu'il aime, il
fait embellir juſqu'au chant mélo-
dieux du roſſignol ; il lui donne plus

de douceur , lui prête de l'ame &
des graces. J'ai connu Barhem dans
les jours de fa jeuneffe , lorfqu'affis
à l'ombre des chênes touffus , il
chantait dans fes vers les bois, les
ruiffeaux , les charmes du printems
& ceux de l'amour. Les vieux Pafteurs l'entouraient & pofaient fur fon
front des couronnes de violettes ; les
jeunes Bergers , craignant d'applaudir
malgré eux , ou de laiffer appercevoir un impuiffant dépit , fe cachent
pour l'écouter , & s'en retournent
en foupirant ; les filles des montagnes accourent pour l'entendre , &
leurs yeux attendris , leurs joues en-
flammées atteftent la fecrete émotion
de leurs coeurs. Fils du Prophete ,
écoutez-moi ! Trois Génies puiffans
commandent aux hommes, & fement
d'heures fortunées le champ épineux
de la vie , la Vertu , la Poéfie &
l'Amour. Enfans chéris du Ciel , ils
ont fait connaître le bonheur à la

terre. Heureuſe mille fois l'ame pure ;
que la Vertu inſpire , que la Poéſie
enflamme , & que l'Amour conſume !
c'eſt le ſort de Barhem. Ses feux
éclatent à tous les yeux , Zulima
laiſſe parler les ſiens ; aucun des deux
Amans n'y voit & n'y met de myſte-
re. Dalimeck s'en rejouit , Fatime s'inquiete , Nourzivan ſent croître ſon
trouble , & ſe trouve plus malheureux. — « Je ne ſais ce que je veux ,
» tout m'afflige, je ne me reconnais
» plus : la préſence de Barhem , de
» mon frere ! m'importune : un éter-
» nel ſouris repoſe ſur ſes levres, la
» joie éclate dans ſes yeux , &
» ſes yeux ne regardent que Zulima ,
» qui ne regarde que Barhem. Il
» a trop bien deviné , c'eſt une
» enchantereſſe , ... Elle a tout
» *charmé* dans ces lieux , moi , mon
» frere , & juſqu'aux choſes inanimées
» qui l'approchent. Un ſoir , j'oſai
» dans l'ombre toucher ſa robe

» flotante; il en fortit des dards &
» des flammes. Je ne les vis pas ,
» mais je me fentis bleffer; je reftai
» long tems à la même place les fens
» tranfis , le cœur brûlant; j'avais
» peine à refpirer. Hier encore, au
» fortir du bois , je découvris dans
» la campagne les murs qui recelent
» Zulima , & je treffaillis ; je les ap-
» perçus de loin, malgré la profonde
» nuit qui cachait à mes yeux juf-
» qu'aux arbres que je touchais de
» la main, jufqu'au bloc de pierre
» où je vins me heurter. N'eft-pas
» encore par enchantement que la
» feuille morte du bambou qui cou-
» vre la cabane de Zulima flatte
» & attire davantage mes regards, que
» l'acacia chargé de fleurs que j'ai-
» mais tant à contempler? ... Quel
» pouvoir inconnu réfide dans cette
» porte que mes mains ont conftruite
» de branches entrelacées , & que mes
» mains ne peuvent plus toucher

» qu'en tremblant? Ce font toujours,
» il me le femble du moins, des
» baguettes de faules, retenues par
» des liens d'ofiers. Mais Dieux!
» quand, forcé le matin d'abandon-
» ner la maifon pour m'enfoncer de
» nouveau dans les bois, mon pied
» preffe le feuil de cette porte fatale,
» une magique vertu femble s'en dé-
» tacher; le poifon fubtil qui s'en
» exhale, glace mon ame, mes fens,
» & provoque dans mon fein un
» pénible foupir. Lorfque la nuit
» tant de fois fouhaitée rembrunit
» le pied des montagnes, que pref-
» fant mes pas, & brûlant de revoir
» Zulima, je me retrouve près de
» ce même feuil, la caufe inconnue
» de tant d'agitations, je n'ôfe le paf-
» fer: je m'arrête ; je foupire enco-
» re ; je m'interroge fur ce que je fens:
» hélas ! des alarmes vaines que je
» ne conçois pas, une inquiétude

» vague que je ne peux calmer, une
» langueur qui me fait mal & que
» pourtant je ne voudrais pas perdre,
» voilà ce que j'éprouve: oh ! qui
» me dira ce que c'eft? je n'ôfe in-
» terroger Barhem, lui demander ce
» qu'il fent lui-même, & lui confier
» mon trouble. Je le crains, je pen-
» fe.....Pourquoi donc le crain-
» dre?....Mon ame autrefois s'é-
» panchait devant lui, mes penfées
» coulaient fous fes yeux comme le
» ruiffeau dans la prairie. Aujourd'hui
» mes penfées reftent au fond de mon
» cœur, je les retiens toutes, & Bar-
» hem fi attentif ne s'en apperçoit
» pas ! Je ne fuis plus aimé de Barhem!
» il ne fonge plus au malheureux
» Nourzivan, depuis qu'il a vu Zu-
» lima ! . . . Et moi-même je m'ap-
» perçois, ... je tremble qu'à la
» fin . . . . Non jamais, jamais, je
» ne puis haïr mon frere. O mon

» cœur, que me veux-tu? . . . je fuc-
» combe, je pleure malgré moi, je
» languis, je meurs ».

Ainſi parlait Nourzivan, & de longs
ſoupirs s'exhalaient de ſon ſein op-
preſſé. La vaſte forêt d'Arkebaſuc
retentit de ſes plaintes; il les répete
ſnr les bords fleuris du Tygre, il les
confie à l'écho ſolitaire des montagnes. O bon jeune homme, que je te
plains ! ton ame profondément bleſ-
ſée ne connaît plus le repos: tu ne
ſais pas encore ce que c'eſt que l'a-
mour, & déja tu ſens toutes ſes peines, la certitude cruelle de n'être point
aimé, les tourmens terribles de l'abſence, & les tortures de la jalouſie !

Mais le ſoleil a deux fois parcouru
le cercle de l'année depuis que Dalimeck partage les travaux & le pain
du pauvre; que Zulima, devenue Bergere, croît & s'embellit ſous l'œil
careſſant de l'amour, & que Nourzivan toujours enflammé, toujours ja-

loux, mais aufli toujours généreux,
ne ceffe point de combattre des fentimens dont il connaît trop bien déformais la nature, & de procurer à
fa famille, par des fatigues chaque
jour renaiffantes, des douceurs & un
repos dont il ne joüit pas. Il a tout
effayé, tout entrepris pour chaffer de
fon cœur l'Amante de fon frere ; elle
y regne toujours. Elle-même, gémiffant des maux qu'elle a faits, touchée
d'une tendreffe fi vraie, fi conftante,
fi malheureufe, a tenté mille fois d'en
guérir Nourzivan ; elle l'écoute, le
plaint, l'exhorte à l'indifférence : vains
confeils, trop impuiffans contre l'a-
mour ! Jeune infortuné ! il fort de ces
entretiens fi doux & fi funeftes, plus
tendre, plus violemment épris, plus
enivré que jamais. . . . . Pleurons fur
Nourzivan ; aimer feul eft le plus
grand des maux ! . . . . Releve-toi,
Nourzivan, efpere en la vertu ! . . .
l'homme docile à fes leçons ne peut

être pour toujours dévoué au malheur.
Le généreux Amant de Zulima va s'arracher d'auprès d'elle, & c'eſt pour
la fervir plus efficacement. Déjà ce
faible eſpoir a calmé ſes peines; mais
il eſt étonné de ce qu'il fent, le repos & le plaiſir font étrangers à ſon
cœur. Il eſt aux genoux de Dalimeck. — « Vous languiffez depuis
» deux ans dans la mifere; Zulima
» va périr avec vous. . . . Le Ciel
» que j'implore toujours , n'exauce
» pas toujours mes vœux : j'ai fou-
» vent verſé des larmes fur mes fle-
» ches inutiles ; j'ai vu fouvent avec
» douleur le poiffon foupçonneux
» s'éloigner de mes filets : j'ai vu
» Zulima, Dalimeck, affaiblies , n'a-
» voir pour fubfiſtance qu'un peu
» de lait & quelques fruits. Vous
» avez fouffert trop long-tems , je
» pars. Ah ! pourquoi le Ciel n'a-t-il
» pas mis plutôt ce projet dans mon
» fein ? eſt-ce que l'amour arrête les

» infpirations de la vertu ? S'il eft
» ainfi, déteftons l'amour. . . . Non
» je ne veux plus aimer, jamais, ja-
» mais. Je vais fuir Zulima , . . .
» demain je ne la verrai plus. Ecri-
» vez à Salem, à Mazourabac ; mon-
» trez - moi le chemin d'Alep , je
» pars ; . . . vous aurez bientôt de
» leurs nouvelles & des miennes.
» Adieu, ma mere; adieu , . . refpec-
» table Dalimeck , bénifſez votre
» fils ». Il s'arrache aux bras qui le
preffent, dévore fes larmes, étouffe
fes foupirs, court à Fatime qui pleure
fur fon enfant, le ferre, l'embraffe
& ne peut s'en féparer. — « Ne nous
» quitte pas, ô mon meilleur ami !
» refte pour fecourir Dalimeck &
» fa fille ; fi tu me laiffes, qui les
» fauvera de la mort? Vois-tu la foule
» effrayante des befoins qui fe preffent
» autour de la cabane ? vois-tu la
» faim, au teint hâve, à l'œil creux,
» qui veille à notre porte ? leur troupe

» hideufe va fondre fur nous ; qui
» faura la repouffer ? Zulima, fa mere
» & la tienne, vont expirer. . . . ». Le
jeune homme frémit. — « Mais , quoi
» que je faffe, elles manquent du né-
» ceffaire ; leur fort depuis deux ans eft
» affreux. O ma mere ! nous avons
» de bonne heure connu la pauvreté :
» elle habite fous le chaume, & vous
» êtes née fous le chaume ; votre fils
» y a vu le jour, nous avons vécu
» dans l'infortune : mais Dalimeck !
» mais cette Zulima , fi délicate, fi
» fenfible ! , . . Laiffez-moi partir. Je
» les fervirai mieux en m'éloignant
» d'elles. Il m'en coûtera fans doute ;
» loin de vous , de cette maifon,
» de tout ce qui me charme , que
» mes jours feront longs & cruels » ! . .
— « Ecoute , ô mon fils, ce que le
Ciel m'infpire : je veillerai fur le troupeau de Barhem ; qu'il parte, qu'il
aille rappeller aux deux Marchands
d'Alep leurs engagemens, qu'il rap-

porte l'abondance à ces anges de paix,
& puiffe le jour du bonheur fe lever
& luire encore pour elles » !

Barhem eft appellé chez fa mere;
Zulima le fuit. Qu'ont-ils entendu !
on veut les féparer ! ils pâliffent, ils
tremblent', ils frémiffent tous deux
à la fois : mais le devoir eft écouté;
ces tendres Amans fe dévouent : Nourzivan voit leur douleur, la fait remarquer aux deux meres, tómbe à leurs
pieds, combat, avec cette vivacité,
cette force , cette chaleur toujours
victorieufes , leurs craintes , leurs répugnances & leurs raifons; il obtient
fon congé. Son frere attendri, l'embraffe & pleure, mais lui ne pleure pas.
Zulima plus attendrie encore l'embraffe
auffi; fon cœur eft plein:— « Généreux
» ami ! je vous dois tout, le repos,
» le charme de ma vie. . . . Hélas!
» quand vous vous immolez à no-
» tre bonheur, puiffe le jufte Ciel
» veiller fur le vôtre » !

O mes amis ! je ne vous ai pas montré les tendres craintes de Fatime ; je n'ai pas rendu les fages difcours de Dalimeck, les combats de ces jeunes cœurs que la vertu maîtrife ainfi que l'amour : je tairai leur profonde douleur, leurs adieux touchans ; on ne doit pas tout dire, on ne peut pas tout peindre. Laiffons refpirer les ames fenfibles : qu'elles fe réjouiffent maintenant ; qu'elles goûtent, qu'elles partagent la douce, l'innocente joie que donne le fpectacle de la vertu. Salem & Mazourabac ne font point ingrats. L'occafion de s'acquitter leur manquait ; ils en ont gémi plus d'une fois : mais ce n'eft pas affez pour eux d'être juftes, ils feront reconnaiffans. Bienfaiteurs, à leur tour, ils rendront à Dalimeck devenue pauvre, ce qu'ils en reçurent dans fa profpérité ; le bien qu'elle a fait, va fe répandre autour d'elle. Ainfi la rofée vivifiante, enlevée d'abord à la terre, retombe

fur la terre deſſéchée ; ainſi les fleuves retournent à l'Océan qui les produit. Laiſſons faire la Providence ; elle veille fur l'homme de bien, il ne demeurera pas fans recompenſe. Mazourabac s'empreſſe d'acquérir la maiſon où la fortune eſt venue le trouver. « Je m'eſtime heureux, dit-il à Nourzivan, d'habiter à jamais la demeure que Dalimeck viſita quelquefois ; » je me plais à penſer que je la laiſſerai en mourant à mon fils, que mes » petits-enfans en ſeront un jour les maîtres ». Il embraſſe Nourzivan, remet en ſes mains trois bourſes pleines d'or. « La bienfaiſance, reprend-il en » ſouriant, fit autrefois des biens de » Dalimeck une fauſſe eſtimation ; « c'eſt à ma reconnaiſſance à les » apprécier aujourd'hui. Ce loyer cédé » pour trois mille ſequins, je le » porte à neuf mille..... Laiſſez- » moi faire, Nourzivan, je ne m'ac- » quitterai jamais ». Salem, plus riche
que

que Mazourabac , le furpaffe en généroſité. Sa main libérale joint à une égale quantité d'or , de riches préſens de fins lins , de vaiſſelles & d'étoffes ; il donne des chameaux pour les porter , & des Eſclaves pour les conduire.

Nourzivan leur fit prendre à tous le chemin d'Iſcheniazin ; il les ſuit de l'œil, ſourit & ſoupire : ſon ame eſt avec eux. Cependant il reſte auprès du bon vieillard Salem qui ne peut s'en ſéparer ; il l'entretient de Zulima qu'il fuit , qu'il veut oublier , & qu'il aime toujours. Il redoute , plus que les maux de l'abſence , ces yeux accoutumés à bouleverſer ſon ame , ces charmes décevans, qui l'ont enivré tant de fois ; il craint , il abhorre l'amour plus que la douleur , plus que la mort. Cependant quoi qu'il faſſe, Zulima vit toujours dans ſa penſée : c'eſt l'objet unique de ſes rêveries pendant les longues heures de la nuit ; ſon image radieuſe l'occupe ſans ceſſe , mais ſans le trou-

E

bler, fans le défoler comme autrefois.
Elle a reçu les Efclaves & les chameaux chargés d'or, que lui a dépê-
ché Nourzivan ; elle a par fon fecours
recouvré l'abondance qu'elle avait
perdue ; elle en fait part à fon Amant,
à Fatime, à fes voifins néceffiteux
qu'elle-même va chercher, & Nourzivan s'applaudit de leur commune
joie. Il fe dit avec complaifance : Je
viens de l'arracher au malheur ! Cette
idée le charme ou le confole, & porte
dans fon ame une douce paix : c'eft
l'ouvrage & la récompenfe de la vertu.
Enfans du Prophete, la vertu eft un
baume adouciffant verfé fur les plaies
de l'homme jufte ; c'eft l'huile & le
vin qu'une main fecourable fait couler dans les bleffures d'un Guerrier après
le combat. La fageffe aimable de
Nourzivan a charmé Salem. Il le montre à fes Efclaves comme un fecond
Maître, qu'ils doivent chérir & refpecter. Il veut fe l'attacher, s'en faire ai-

mer , le fixer près de lui. Empreſſé de
procurer à ſon hôte des diſſipations
ou des plaiſirs , Salem le mene chaque jour aux ſpectacles , aux bains ,
dans les places publiques d'Alep, lui
fait admirer ſes beautés , ſon étendue
& ſa magnificence : il l'inſtruit des
moeurs , des coutumes ſingulieres de
ſes habitans ; lui fait remarquer leur
induſtrie , leur application aux ſcien-
ces & aux arts , l'immenſité de leur
commerce qui s'étend depuis Sirian,
où croît le rubis ſur les bords du fou-
gueux Océan , juſqu'aux formidables
colonnes poſées par cet homme fort ,
qui terraſſa les lions & détruiſit dans
leurs repaires les monſtres & les bri-
gands.

Une des plus riches branches de ce
commerce eſt dans les mains de Salem, qui ſonge à la faire paſſer dans
les mains de ſon jeune ami. « Celui
» qui fut, dit en ſoi-même Salem ,
» mériter la confiance & l'amitié de

» Dalimeck, doit être vertueux. Qu'il
» demeure auprès de moi ! je l'arrête-
» rai dans ma maison par le doux
» lien des bienfaits ». Dès ce moment il abandonne au fils de Fatime
le commerce des pourpres teintes dans
la fameufe Tyr , pour les Miniftres
des Dieux & les Souverains du
monde.

Nourzivan fenfible à ce bienfait, pénétré de reconnaiffance , fe montre
appliqué , laborieux , plein de zele;
fes foins , fon travail affidu , fon intelligence accroiffent tous les jours la
fortune de fon Patron, avec lequel il
partage d'immenfes profits. Mais après
trois ans de travaux & de fuccès , il
fonge à revoir fa patrie , qu'il regrette
au fein de l'abondance; à porter à fa
mere la fortune dont le Ciel vient de
payer fes vertus. Il brûle d'embraffer fes
parens.... Et Zulima ? il l'aime encore,
il l'aimera toujours : mais comme l'A-
mante de fon frere , comme une fœur;

c'eſt le doux nom qu'il ſe plaît à lui donner. Oh! qu'il eſt heureux à préſent! il va combler de joie ſa mere, ſon frere & Zulima! Plein de cette flatteuꞏ ſe idée, il entre un matin chez Salem. « Mon pere », dit-il ; puis il s'arrête; il craint de l'affliger; il ſait com- bien il en eſt aimé. « Mon pere, le
» tems des moiſſons eſt paſſé : bientôt
» les caravanes ſe mettront en mar-
» che; je ſonge à prendre avec une
» d'elles le chemin de l'Arménie, de
» cette délicieuſe Arménie qu'habite
» Fatime ſous un toit de chaume , &
» où pour la premiere fois j'ai vu
» lever le ſoleil. Je vais porter à ma
» mere les ſecours qu'elle attend , lui
» rendre ce que tes mains libérales
» m'ont donné : c'eſt de ton bien que
» je vais la ſoulager; ton or va nous
» enrichir tous. O généreux ami ! le
» bonheur de ma mere, celui de ſes
» fils . . . , le bonheur de Zulima ſera
» ton ouvrage » ! Il dit, & des lar-

E 3

mes de tendreffe coulent de fes yeux
fur les mains du vieillard qu'il ferre
& qu'il baife avec les faints tranfports
de la reconnaiffance. Salem lui répond :
« Ne me quitte pas ; je t'appelle mon
» fils, je veux que tu le deviennes.
» Je n'ai qu'une fille ; tu la connais,
» je t'ai permis quelquefois de man-
» ger avec elle. Babelmadour a de la
» jeuneffe , de la douceur , de la
» beauté : elle aura tout mon bien , ..
» je te la donne pour époufe. . . . .
» Tu ne me réponds pas ! hé quoi ! je
» t'offre Babelmadour, & ton cœur
» n'a pas treffailli ! tromperas-tu mes
» vœux » ? Nourzivan frémit, garde
le filence , & redouble fes larmes.
— « Veux-tu défoler ma vieilleffe ? . .
» réponds-moi ! — O mon pere ! que
» vous dirai-je ! Babelmadour, fem-
» blable à une divinité , mérite l'ado
» ration des mortels ; . . . je puis la
» révérer. . . . . Mais l'amour ! hélas !
» fi jeune encore, faut-il que je renonce

» à ſes faveurs? . . . Ses faveurs ! ah
» Dieux ! je ne les connais pas ! mais
» ſes peines , ſes peines ! . . . elles ſont
» affreuſes. Ah ! mon pere ! je m'en
» ſouviens encore, je fuirai , ... je
» hais, je déteſte l'amour. Je l'ai con-
» nu ce tyran des ames ; il a flétri la
» mienne , attriſté mes beaux jours :
» long-tems comme un vautour cruel ,
» il a rongé mon cœur ; il en eſt
» ſorti . . . par les plaies que lui-même
» y a faites. Elles ſaignent encore ;
» la main puiſſante du tems achevera
» de les fermer : mais je ne veux
» point , . . . je ne ſouffrirai pas que
» la main cruelle de l'amour vienne
» jamais les rouvrir ». Salem, que
l'âge a inſtruit , ſourit doucement :
— « Ecoute , jeune homme ; ne dis
» point : Je n'aimerai pas, car nul ne
» peut défendre ſon cœur des attraits
» vainqueurs de la ſageſſe unie à la
» beauté. Laiſſe faire le tems , à qui
» tout eſt poſſible ; laiſſe faire Babel-

» madour, & confens d'être heureux ».
Il fe leve alors, le baife tendrement ;
& fans lui donner le loifir de répondre , il le mene à l'appartement de
Babelmadour , qui, déjà fenfible pour
Nourzivan, ne cache point fa joie, le
reçoit avec tranfport des mains de fon
pere , & l'embraffe comme fon époux.
Le bon vieillard les bénit , les preffe
l'un & l'autre dans fes bras : fes fens
flétris par l'âge font ranimés ; dans
fes yeux brillent la gaieté & le feu de
fes premieres années. La bienveil-
lance, l'eftime, l'amitié la plus tendre , tous les fentimens faits pour
remplacer l'amour, que rien ne rem-
place, uniffent Nourzivan à la charmante Babelmadour ; il a recouvré
la paix : il n'afpire point au bonheur,
il ne le croit plus poffible ; celui de
fa famille l'occupe tout entier : toujours préfente à fon efprit, il eft tourmenté , dévoré par le defir de la
revoir. Mais Salem craint la folitude,

effrayante pour la vieilleffe; il preffe
fon fils, fa fille, de ne le pas abandonner; il les retient auprès de lui deux
ans encore : après ce tems, vaincu
par leurs prieres, il leur accorde ce
congé tant fouhaité , les charge de
préfens pour Dalimeck , & les exhorte,
les larmes aux yeux, à revenir bientôt dans fes foyers. Les jeunes époux
font en chemin : dix chameaux les
précedent ; ils portent de l'or , des
denrées de toute efpece, & des vêtemens précieux. Bientôt on découvre
le mont Ararat, qui porte fa tête fuperbe jufques dans les nuées. Le cœur
de Nourzivan palpite de faififfement
& de joie. Sa belle compagne admire
ce riant pays qu'elle ne connaît pas:
elle eft impatiente de voir Zulima,
dont fon imagination lui préfente
vingt portraits fantaftiques & trom-
peurs. Je n'entreprendrai pas de rendre l'enchantement , les tranfports,
l'ivreffe de leur famille empreffée à les

recevoir , à les queſtionner , à les
entendre. Des raviſſemens , à peine
imaginables , ne ſe racontent pas : on
les décolore , on les affaiblit , on ne
les rend jamais bien. Cette joie dé-
ſordonnée , cette eſpece de délire dura
pluſieurs jours. Nourzivan, après cinq
ans d'abſence & de combats perpé-
tuels , avait cru revoir ſans danger
l'Amante de ſon frere : cependant,
quand les levres de corail de cette
belle fille preſſerent doucement les
ſiennes , ſon ame fut émue ; il crai-
gnit encore , & n'ôſa lui rendre ſon
baiſer. Zulima lui parut auſſi belle,
auſſi raviſſante qu'autrefois : mais la
triſteſſe ſe montrait ſouvent dans ſes
yeux pleins de langueur ; elle était
moins vive, moins vermeille, même
un peu ſombre & mélancolique ; elle
reſſemblait à une belle nuit couron-
née d'étoiles. Nourzivan lui dit:
« J'apporte des richeſſes à mon frere,
» je veux que Zulima devienne ma

» fœur ». Elle fourit ingénument : la
flamme de l'amour éclate dans fes
yeux moins abattus ; la pudeur colore
fon front : alors elle reffemble à l'aurore qui promet un beau jour. Nourzivan dit le même foir à Dalimeck :
« Ne rejettez pas mon frere pour
» votre gendre ; il a des vertus, il
» aura de l'or : donnez-lui la main
» de Zulima qui lui a donné fon
» cœur ». Elle répondit : « Que ma
» fille foit heureufe ! il ne me reftera
» pas de mes longues infortunes le
» plus léger fouvenir ». Nourzivan
tranfporté vole chez fa mere. — « Vous
» allez revivre dans vos enfans ! Da-
» limeck donne fa fille à mon frere ;
» confentez-vous à leur bonheur » ?
Fatime l'embraffe, pleure de tendreffe,
court avec lui trouver Dalimeck : les
deux Amans font appellés ; . . . quelle
nouvelle ! quel moment ! quelle joie
pour eux tous ! Ces tendres meres les
preffent tour-à-tour fur leurs feins

palpitans, les arrofent des plus douces
larmes & les uniffent tous deux. Les
jours de la félicité font enfin venus;
ils demeureront purs, ils feront éternels. Le Bucheron, à la vue de fa
chaumiere qu'il regagne à pas lents,
fe preffe de jetter derriere lui cette
lourde charge qui tient fon dos courbé; il fe redreffe peu-à-peu, s'affied
fur le gazon, & refpirant la fraîcheur
du foir, il oublie dans un doux repos
les fatigues de la journée. Ainfi Dalimeck avait jetté loin d'elle le fouvenir de fes malheurs paffés; la paix, le
contentement repofaient dans fon
fein. Fatime goûtait un bonheur
qu'elle n'avait point connu, qu'elle
n'avait point imaginé, qu'elle n'efpé-
rait pas. Kamchatfcut aidé, ou plutôt
remplacé dans fes travaux par des
Efclaves, n'a plus d'autre emploi que
de les furveiller, de leur diftribuer
l'ouvrage; il connaît, il fe livre aux
douceurs du repos. Libre depuis

long-tems, & devenu l'ami de toute
la famille, fon dévouement, fes fervices lui mériteront un jour la main
de Fatime. Jeune encore , elle peut
aimer fans honte : mais indifpofée
contre l'hymen , dont elle devint à
quinze ans l'infortunée victime, elle
craint, elle redoute fes fers ; les vertus
de Kamchatfcut triompheront enfin
de fa répugnance.

A la vue des heureux qu'il a faits,
un calme plus profond fe fait fentir
à Nourzivan ; il goûte dans toute leur
plénitude les délices attachées à l'exercice de la bienfaifance : mais il fait que
les jours de fon abfence font comptés
par Salem ; Salem qui l'adopta pour
fon fils, qui depuis lui céda fes biens
& lui donna fa fille. « Partons, ma
» chere Babelmadour , dit-il à fa
» femme ; viens confoler ton pere qui
» t'attend, viens & foutiens-moi ; . .
» j'ai peine à m'arracher de ces lieux
» enchantés : mais j'entends la voix

» de ton pere, il appelle fes enfans;
» allons porter la joie dans fon cœur
» affligé ». Il dit, & part en effuyant
fes larmes. L'efpoir de revenir bientôt,
de ramener Salem avec eux, foutient
le courage de Nourzivan, & mêle
quelques adouciffemens aux adieux,
aux regrets de fa famille éplorée, qui
n'ôfe plus le retenir. Babelmadour &
fon époux retrouverent leur pere
après fix mois d'abfence, & leur préfence le rendit heureux. Son fils ne lui
propofe pas d'abord de quitter la ville
qui l'a vu naître, la maifon qu'il
chérit, les vieux amis avec lefquels
il aime à parler des jours de fa jeuneffe: mais il l'entretient fouvent de
la fenfibilité, de la tendreffe mutuelle
de Barhem & de Zulima, de la gé-
nérofité de Dalimeck, de la bonté
touchante de Fatime, du zelé de Kamchatfcut; & le vieillard avide de
récits l'écoute avec enchantement.
« Leur bienfaifance, continue fon fils,

» telle qu'un nuage argenté qu'on voit
» ombrager la tête des montagnes ,
» & fe réfoudre en perles liquides
» pour abreuver les vallées ; ou telle
» encore que le fuave parfum des
» violettes qui s'exhale au loin fur
» les côteaux & dans la prairie ; leur
» bienfaifance toujours active s'é-
» tend depuis le fommet le plus éle-
» vé du mont Ararat, jufqu'aux ex-
» trémités de la vafte plaine qui lui
» fert de bafe ; porte la vie dans les
» campagnes , & la joie à leur pai-
» fibles habitans.... O mon pere !
» que ce fpectacle eft raviffant ! com-
» bien de fois il charma votre fils ! ...
» Ecoutez, écoutez ce que fit Zulima
» aux jours de fa plus grande dé-
» treffe. Elle ramenait un foir le trou-
» peau de Barhem , car fes mains dé-
» licates ne dédaignaient aucun em-
» ploi ; elle rencontra fur le bord du
» grand fleuve une Bergere fans
» expérience , qui pleurait deux de

» fes plus beaux moutons, qu'un
» chien fauvage venait de furprendre
» & d'étrangler. Elle n'ôfait rentrer
» dans la cabane où l'attendaient fes
» parens inquiets; elle craignait les
» reproches, la colere d'un pere
» avare; elle fe défefpérait. L'appro-
» che de la nuit redoublait fes alar-
» mes. Zulima, attendrie, complete
» le troupeau de la jeune fille, qui
» gagne en fautant cette même chau-
» miere que tout-à-l'heure encore
» elle ne pouvait regarder fans fré-
» mir. Zulima fent une joie mêlée
» d'inquiétude; elle rougit en abor-
» dant Fatime, & fe précipitant dans
» fes bras, elle s'écrie : O ma mere!
» fi tu avais vu la douleur de cette
» enfant,.....tu l'aurais confolée!
» je t'ai prévenue, j'ai pris fur tes
» droits, je t'ai dérobé ce doux con-
» tentement...Mais écoute: tu avais
» fix brebis qui nous fubftantaient
» de leur lait;....je n'approche-

» rai point cette douce liqueur de
» mes levres jufqu'au retour de Nour-
» zivan, qui nous amenera d'autres
» brebis. Permets, ô bonne Fatime,
» que les quatre que je te rends n'épan-
» chent déformais leur lait que pour
» toi, qui en donnes à ma mere. J'ai dif-
» pofé de la part que tu me fais de tes
» biens; fois jufte, ne m'oblige pas
» à de nouveaux partages : . . . vous
» en fouffririez tous, & moi . . . . je
» n'ai plus de befoins; j'éprouve tant
» de plaifirs ! je fuis fi contente » !
Salem écoutait en filence , & puis
dans un faint tranfport qui lui rend
fa premiere vivacité, il dit à Nourzivan : « Ton récit m'a charmé; il eft
» à mon ame ce qu'eft pour mes
» yeux le premier rayon du foleil ,
» à mon oreille les fons harmonieux
» de la harpe; c'eft un agréable par-
» fum répandu fur ma tête, & fur
» cette longue barbe que les tems ont
» blanchie. Je chéris, je révere le

» cœur compatiſſant; le doux aſpect
» de la beauté enchante encore mes
» regards. Allons trouver Zulima,
» l'adorer, vivre avec elle;.. peut-
» être un jour nous ſaurons l'imiter.
» Allons embraſſer les genoux de ſa
» mere, qui l'inſtruiſit à la bienfai-
» ſance. Si la vertu deſcendait ſur la
» terre, elle prendrait le langage,
» l'air & les traits de cette femme
» céleſte ». A ces mots, le fils enchanté vole dans les bras de ſon vertueux pere, & long-tems il y demeure
pâmé; ſa joie, muette d'abord, éclate
à la fin par des baiſers, des tranſports,
des actions de graces au Dieu bon qui
daignait exaucer ſes vœux. Que vous
dirai-je, enfans des hommes? Je vous
ai raconté les longues diſgraces de
Dalimeck, ſon courage, ſa patience,
ſa bonté récompenſés par le bonheur;
vous avez vu Barhem & Zulima, au
comble de leurs deſirs, s'unir pour
s'aimer davantage; vous ſavez que

Fatime donnera fa main à Kamchatfcut, & que Nourzivan chéri d'eux
tous, adoré de Babelmadour, eft heureux par le bien qu'il a fait : que vous
dirai-je encore ? dès que le foleil eut
abandonné la brillante maifon de la
célefte Glaneufe, & que les nuits
prefque égales aux jours eurent ramené
la fraîcheur fur la terre, Salem, impatient de quitter Alep, prit avec fes
enfans & fes Efclaves le chemin de
l'Arménie. Il a vu Dalimeck & fa
fille, Fatime & Barhem le plus beau
des enfans des hommes : il en a été
charmé, & déformais il ne les quittera
plus ; une même maifon les réunit tous.
L'Amour qui difpenfe les plaifirs fur
la terre ; l'Amitié qui confole des peines de l'Amour & des maux attachés
à l'exiftence ; la Vertu qui refferre
les doux liens de l'Amitié & de l'A-
mour, & qui feule les rends éternels,
habitent parmi eux..... O mes amis!
ils ont fous leur toit la Vertu, l'A-

mour & l'Amitié! j'ai tout dit à préfent : leurs jours pleins, tranquilles,
fortunés, femblables au ruiffeau tranfparent qui ferpente au travers de la
prairie émaillée, vont s'écouler doucement dans la pratique de la Bienfaifance.

LA FEMME

BIEN CORRIGÉE,

CONTE ORIENTAL.

LA FEMME

BIEN CORRIGÉE,

CONTE ORIENTAL.

UN jour le fage Caleb raffembla fes
amis pour célébrer avec eux l'anni-
verfaire de fa naiffance. Après leur
avoir fervi dans un dîner prolongé
jufqu'au foir tout ce que la faifon
offrait de délicieux, il les con-
duifit, par une allée femée de rézé-
das, fous un berceau d'orangers. On
s'affied, on s'étend fur le tapis de
mouffe qu'ils couvrent de leur ombre: les yeux font amufés par le jeu
des eaux qui s'élevent & tombent
dans des baffins de marbre; de jeunes filles, d'une beauté éclatante;

font jaillir le forbet dans des coupes
de cryftal ; d'autres, beaucoup plus
jeunes & plus belles , viennent en
danfant attacher aux branches des
arbres des guirlandes de fleurs ; d'autres encore preffent fous leurs doigts
légers les thyrfes & les luths harmonieux : les fons de ces divers inftru-
mens s'uniffent à celui des voix , aux
chants des oifeaux , au bruit des
cafcades. Les amis de Caleb écoutent,
plongés dans une délicieufe extafe ,
un concert enchanteur. Dès qu'il fut
achevé , & que les Muficiennes eurent
reçu les applaudiffemens que leurs talens méritaient , Caleb leur fit figne
de fe retirer. Alors fes amis fe lèvent,
s'approchent plus près de lui, l'entourent , & le follicitent d'employer
le refte de la journée à des récits
amufans.

Mes amis, leur dit Caleb , la derniere fois que nous nous trouvâmes
raffemblés,

raffemblés , je vous entretins des plaifirs de la bienfaifance , & je vous
montrai la vertu récompenfée par le
bonheur. Je vis avec joie que votre
amour pour la fageffe vous faifait
écouter fans dégoût la leçon que
j'aime à mêler à mes difcours , & que
votre indulgente amitié leur prêtait
un charme qu'ils n'ont pas.

Caleb fe recueillit un moment. Les
oifeaux continuent de gazouiller, l'onde
fuit & murmure ; mais le plus profond filence regne dans l'affemblée.
Caleb reprend en ces mots : Encou-
ragé à parler par votre empreffement
à m'entendre , perfuadé qu'il eft des
préceptes qu'on ne faurait trop redire
aux hommes , & des vérités qu'il faut
fouvent répéter avant qu'elles deviennent utiles, je vous offrirai ce foir, dans
l'hiftoire de Zirzile , une fage inftruction : j'arrêterai vos yeux fur les fuites
funeftes de la précipitati on & de la
témérité de nos jugemens ; & je vous

F.

dirai de fermer vos cœurs, à la prévention, fource féconde de malheurs
& de crimes. A des récits qui m'ont
été jufqu'ici étrangers, je mêlerai mes
propres aventures ; vous faurez . . . .
vous ferez confondus. Ecoutez donc,
enfans des hommes , écoutez ce
qu'on m'a dit, ce qui m'eft arrivé, &.
ne vous preffez pas de juger vos
freres.

Sous le beau Ciel de la Géorgie ;
où toutes les femmes font belles,
Zirzile était la plus belle des femmes. La nature la fit pour comman-
der au monde[1], pour régner par
l'amour ; fon deftin fut de fervir
un Maître , & de ne connaître de
l'amour que fa tyrannie & fes fu-
reurs.

La Géorgie s'étend au pied du
mont Caucafe, qui la défend des froides
haleines du nord : à fa gauche un
foleil toujours fans nuages, dore de
fes premiers rayons les eaux de la

mer Cafpienne ; à fa droite, la mer
Noire réfléchit le difque lumineux de
cet aftre fur fon déclin ; elle ouvre
fon fein tranfparent, il s'abaiffe, s'y
plonge & difparaît, il eft nuit pour
la moitié du monde : mais la furface
mobile de ces eaux chargées de fels,
de foufre & de bitume, étincelle de
feux, & le jour dure encore pour
les Habitans de ces bords fortunés.
C'eft le climat le plus doux, le plus
tempéré de la fertile Afie. Mais la
nature en fouriant y déploie en vain
fa magnificence; le defpotifme, que
d'éternels foupçons agitent au fein de
la molleffe, & que fa propre terreur
rend cruel, défole ces belles contrées.
Là, tous les hommes naiffent Efclaves ; les femmes, dont le fort eft
d'être en tous lieux plus malheureufes
que leurs tyrans, y font à la fois Efclaves du Prince, de leurs peres, de
leurs maris, & victimes des mœurs.
Que je te plains, ô Zirzile ! l'avarice

F 2

va mettre un prix à tes charmes;
des barbares vont t'échanger pour de
l'or. . . . Retenez bien, mes amis,
ce que je vais vous dire d'Aladabak,
& si vos cœurs son émus, ne crai-
gnez point de me laisser voir vos
larmes.

Aladabak voyageait sans but comme sans plaisir, pour sa santé, par
ennui ; il était vieux, il était voluptueux, il était riche. La perle éclate
en broderie sur sa robe de pourpre ;
les métaux travaillés à Damas, les
belles soies du mont Liban teintes à
Sidon & tissues dans Alep, décorent
ses appartemens superbes ; de magnifiques tapis de Perse reçoivent la
poussiere de ses pieds. Sa naissance,
long-tems attendue, fut célébrée dans
les places publiques de Bagdad : de
son berceau, que les jeux & les ris
devenus respectueux & contraints ba-
lançaient en silence, ses premiers
regards tomberent sur des Esclaves,

& fon oreille s'ouvrit pour entendre
des voix qui le flattaient. Il fuça le
lait de la molleffe, il but long-tems
à la coupe des voluptés : mais la jeuneffe de l'homme eft un inftant, &
l'ufage du plaifir en détruit bientôt
le charme. Aladabak connut l'ennui,
la vieilleffe vint le furprendre dans le
fein des Amours. Déjà fes cheveux
ont la couleur de l'argent, & fon
front, que l'âge a fillonné , prend
celle des feuilles que l'Aquilon précipite
fur la terre à la fin de l'automne. Tous
les jours la fatiété à l'œil terne & dé-
daigneux, & la trifteffe fa compagne,
s'affeyent à fa table ; tous les jours
elles veillent aux portes de fon Palais. Elles le fuivent le matin, lorfque fon inquiétude le force d'en fortir ; le foir elles rentrent avec lui, &
fe mêlent à la foule des Efclaves qui
viennent par leurs chants inviter un
fommeil qui le fuit.

Aladabak dit dans fa penfée : « Je

» vois toujours les mêmes objets , &
» mon ame raffafiée les rejette loin
» de moi. Amufons mes dernieres
» années du fpeſtacle des mœurs
» étrangeres : je m'énerve dans le re-
» pos ; les exercices qui me char-
» maient autrefois ne font plus que me
» laffer : cherchons dans la fatigue des
» voyages de nouvelles forces , &
» dans leurs diftraſtions de nou-
» veaux goûts. Volons à des jouif-
» fances inconnues, & demandons
» à chaque climat ce qu'il offre de
» délicieux. Je parcourrai les vallées
» fertiles que le Taurus couvre de
» fon ombre ; c'eft le féjour, c'eft la
» patrie de la beauté : je vais ravir
» à la Chine fes vafes précieux, &
» j'irai les couronner dans la Grece
» du jus de fes raifins couleur de
» fafran : l'Afrique me verra fur fes
» bords arides ; fes fables brûlans cou-
» vrent de l'or : la nature attentive
» à tous nos befoins s'en occupe

» même dans ces déferts ; c'eft-là
» qu'elle a créé pour nous fervir, &
» qu'elle perpétue pour l'efclavage
» une famille immenfe d'hommes
» noirs. L'Europe, encore barbare,
» n'offre rien à nos defirs que des
» métaux communs & des plantes
» groffieres ; elle ne promet ni tré-
» fors ni délices : . . . Mais cepen-
» dant qu'il ferait doux d'y vivre ! . . .
» Le foir eft pour nous fi loin du
» matin ! nos journées, toujours fi
» longues, font plus courtes dans ce
» climat fauvage. Heureux Euro-
» péens ! leur foleil qui les fuit pen-
» dant fix mois, difparaît à leurs
» yeux long-tems avant le nôtre » !
Il dit, & part ; & la favante Italie,
dont il ne recherche point & ne fait
pas apprécier les merveilles, le reçoit
dans fes ports. Plus impatient de
quitter Rome que preffé de voir Paris,
il traverfe rapidement les Alpes ; leurs
fites variés & pittorefques, leurs beau-

tés fauvages, quelquefois terribles,
& toujours fublimes , ne préfentent
à fes yeux que des rochers, des torrens
& des arbres qui embarraffent fa marche & retardent fes pas. Les courfiers
qui traînent fon char tombent vaincus
par la fatigue ; couverts de fueur &
de pouffiere, ils atteftent en expirant
la vaine inquiétude de leur Maître.
Aladabak double leur nombre, s'arrête
peu le jour, marche pendant les nuits,
& le voilà dans la Capitale de la
France.

Affis depuis un an fur le Trône, un
jeune Roi gouvernait alors ce Peuple
fingulier, chez lequel il eft prefque auffi
rare, dit-on, de trouver un homme
fans efprit qu'une femme fans graces.
Il n'avait pas vingt-deux ans, & c'é-
tait un fage ; il régnait fur une Nation
qui fouvent appelle les vices des faibleffes aimables, & il ôfait les appel-
ler des vices. Il defcendait de ce
Louis à qui les Occidentaux, pendant

qu'il vivait , ont donné le nom de
Grand , & il haïffait le fafte & les flatteurs ; il était Roi , & penfait que le
Peuple eft quelque chofe , qu'il n'eft
pas abfolument néceffaire qu'il foit
malheureux , & qu'il a le droit de gémir quand on l'opprime. Aladabak fe
crut dans le pays des fables ; mais fes
journées lui paraiffant toujours longues, il partit.

Deux ans entiers il voyagea , ou plutôt il courut de Royaumes en Royaumes ; il paffa rapidement d'un climat
dans un autre ; il vifita tous les pays,
ne fe fixa dans aucuns : mais il s'ar-
rêta huit jours dans la féconde plaine
de Sanaar , & fes tentes fe drefferent
pour la feconde fois dans les campagnes délicieufes de la Géorgie. C'eft-
là , qu'à l'ombre des peupliers qui
s'entrelacent, il vit Zirzile parmi fes
compagnes qu'elle devançait à la
courfe, après avoir remporté le prix
de la danfe. Sa taille déliée, haute &

F 5

flexible, la lui fit remarquer au milieu
de cette foule jaloufe. Telle la rofe à
fon premier matin brille parmi les
fleurs & les efface toútes ; tel encore
le foleil fait pâlir les étoiles. Les vœux
d'Aladabak font enfin fixés ; fes defirs
toujours incertains, fes regards toujours diftraits, fe repofent & s'arrêtent fur Zirzile. Sa beauté l'étonne &
l'éblouit ; charmé de rencontrer des
graces nouvelles, fon cœur flétri fe
ranime ; malheureux ! il efpere encore
aimer ! mais peu foigneux de plaire à
la beauté qui l'enchante, il ne fonge
qu'à l'acquérir. Il était riche: il fit de
magnifiques préfens à la mere de Zirzile, & le cœur avare de cette mere
fe ferma dès-lors aux cris de fa fille
éperdue. Zirzile était aimée de fon
pere ; elle alla fe jetter à fes pieds, elle
pleura dans fon fein : Moufful en fut
touché ; mais Aladabak lui dit :
« Voici mes tréfors, ils font à toi ».
Ce pere, jufqués-là fi tendre, ôfa les

regarder, ces tréfors, & depuis ce moment il ne vit plus la douleur de fa fille.

Aladabak fe crut heureux, & fier de fa proie, il s'applaudit d'être riche. Impatient, il arrache aux bras paternels Zirzile qui s'y rejette avec effroi ; & preffant fa marche que le poids des années rend difficile , il prend le chemin de fes tentes. Sa belle Captive l'y fuivait en gémiffant : elle apperçoit fon frere, elle s'arrête, lui tend les bras ; il s'y précipite, la preffe fur fon cœur , & l'embraffe avec défefpoir. Leurs adieux furent des cris, l'écho des montagnes répete leurs plaintes douloureufes. Aladabak, témoin de leur tendreffe & de leurs larmes, frémit en lui même , & dit : « D'où » vient que je frémis? mon ame eft- » elle fenfible à leur vaine douleur ? » qu'importe à mon amour que Zir- » zile foit heureufe » ? Il la fait monter dans fon char, fe place à côté

F 6

d'elle , & commandant à fes Efclaves
de plier fes tentes ,.déformais inutiles ,
il part & vole à Bagdad.

Sur les bords fleuris que le Tygre
fertilife , s'éleve le Palais fuperbe
qu'Aladabak choifit pour fa demeure.
Aboulkazein , fon aïeul , mit vingt
ans à le bâtir , & il mourut lorfqu'on
en pofait les portes de cedre , travail-
lées au cifeau. Son nom s'y lit en
lettres d'or ; fes trophées & fes armes
font encore expofés aux regards des
paffans , & le riche Aboulkazein a
difparu pour toujours. Les murs de
ce Palais magnifique font revêtus de
marbre blanc , & deux cents colonnes
de jafpe en foutiennent le portique
majeftueux. C'eft-là que maître abfolu
de Zirzile , & fier de la trouver fi
belle , l'orgueilleux Aladabak fe preffa
de la montrer aux flatteurs , aux para-
fites qu'il nommait fes amis , à tous
les riches de Bagdad. . . . Hommes
indifcrets & vains , votre bonheur

s'augmente-t-il du supplice de l'en-
vieux? Vieillard, insensé, cache cette
Belle au jour même; cesse de l'appel-
ler à ces festins, où mariant sa voix
flexible aux sons harmonieux de la
harpe, & joignant à l'empire de la
beauté celui des talens , elle vient eni-
vrer d'amour cette foule tumultueuse
que tu fais imprudemment asseoir à
ta table : elle trouve un Amant dans
chacun de tes convives, tous sont tes
ennemis. Mais, hélas ! celui qui follement excite tant de jalousie & de haine
n'est point heureux ; il aime pour la
premiere fois , & pour la premiere fois
peut-être il s'apperçoit qu'il n'est
point aimé. Triste, désespéré , il se
plaint avec amertume ; dans sa colere,
il ôse menacer : mais Zirzile, toujours
généreuse , retient dans son sein les
sanglots qui cherchent un passage ;
elle couvre de ses mains son visage
& ses larmes. Bientôt, honteux de son
emportement, plus tendre , timide

même , Aladabak faifit & careffe une
main qui fuit la fienne; fur une joue
qu'on détourne en pleurant , & qui
préfente à la bouche & à l'œil la
fraîcheur & le fin duvet de la pêche
pourprée , il dérobe un baifer plein
d'amertume & de charmes. Quelquefois il fe flatte de gagner par des
préfens le cœur qui fe refufe à fa tendreffe. Les femmes de Zirzile dé-
ploient devant elle les plus belles
étoffes des Indes ; & ces Perfes , tableaux variés, où la main favante de
l'art reproduit la nature & l'embellit ;.
parterres mobiles , enchantés, où la
rofe conferve à jamais fa fraîcheur ,.&
le pavot majeftueux fes couleurs éclatantes; & ces mouffelines brodées d'or
& de foie , tiffus tranfparens , qu'une
volupté ingénieufe donne pour voile
à la pudeur. Zirzile dédaigne tous ces
vains ornemens , chers à la frivolité,
inutiles à l'indifférence, importuns à
la douleur. Les plus belles perles de

Bahrein, les plus beaux diamants de Gol-
conde, ferpentent fur fa gorge d'albâtre; ils entourent fes bras d'ivoire:
mais elle s'en pare fans envie de
plaire ; elle ne fouhaite point d'être
plus belle.

Un jour qu'elle prenait le frais fur
les terraffes du ferrail, elle vit débar-
quer un grand nombre d'Efclaves
qu'on menait au Bazar. Elle les ob-
ferva tant qu'ils refterent fur la rive;
elle les fuivit long-tems des yeux,
& lorfqu'elle les eut perdus de vue ,
fes pleurs coulerent avec abondance.
Aladabak, qui ne la laiffait jamais que
pour quelques inflans , la trouva bai-
gnée de larmes. — « Que vous man-
» que-t-il, ô Zirzile, dans le Palais
» de votre Amant ? d'où vient cette
» grande douleur ? aurait-on méprifé
» quelques-uns de vos ordres? Nom-
» mez - moi l'Efclave audacieux , &
» fur l'heure .. . ». — « Aladabak ,
» écoutez-moi ; j'ai vu ce matin paf-

» fer fous mes fenêtres des femmes
» captives , & j'ai dit : Je fuis capti-
» ve . . . . ». Ses fanglots redoublerent ; elle reprit : « Quelques Mar-
» chands les ont environnées ; elles
» ont levé leurs voiles , & la plus
» grande d'entr'elles a fait voir un
» vifage fi doux, des traits fi aima-
» bles, un air fi touchant ! . . . Par-
» don, Aladabak ; j'ai fouhaité de
» l'avoir pour Efclave, & je n'ai pu
» me défendre de pleurer en fentant
» que je l'étais moi-même, & que je ne
» peux rien ». — « Tu peux tout, in-
» fenfible Zirzile ; tu es bien plus puif-
» fante que moi ! . . . Femme cruelle !
» vous maîtrifez mon cœur, & je
» ne commande point au vôtre ! Ai-
» je refufé de fatisfaire un feul de tes
» defirs? Je te le jure, ô Zirzile ! avant
» qu'il foit nuit, tu auras auprès de
» toi l'Efclave heureufe qui t'a fu
» plaire ». Le plus gracieux fouris
eft le prix d'une complaifance qui

flatte Zirzile , & le doux éclair de
la joie brille enfin dans ſes beaux
yeux.

Son Maître enchanté la laiſſe auſſi-
tôt : il court lui-même à la ville ; il
vole à cette place publique devant
laquelle un Sage diſait qu'il ne paſſait
jamais ſans frémir & ſans être fâché
d'être homme. Il ſuit les pas du Marchand que Zirzile a déſigné , juſques
dans ce Bazar fréquenté par l'avarice , la fraude , & les agens merce-
naires de la volupté. C'eſt-là que la
force enchaîne la faibleſſe , & donne
des fers à la beauté timide : l'homme
dégradé , dépouillé de ſes droits , eſt
marchandé, vendu par un autre homme ; ſa liberté , ce bienfait précieux
de la nature , eſt miſe à l'enchere,
de vils métaux en deviennent le
prix.

Aladabak voit autour du Marchand ces malheureuſes victimes qui
attendaient que le caprice ou le ha-

zard leur donnât un Maître. Aucune
n'avait été vendue encore ; il reconn-
naît aifément à la majefté de fa taille
celle qu'il doit acheter, & Zirzile en
devint la maîtreffe.

Cette nouvelle Efclave fe nomme
Mirrha : fa démarche eft noble, fes
traits font beaux, un peu trop pro-
noncés peut-être ; on remarque en
elle plus de majefté que de graces :
la troupe des beaux arts & des talens
entourait & fuivait toujours Mirrha ;
ô mes amis ! leurs charmes font encore
plus féduifans que la beauté ! Heureufe Mirrha ! . . . . Sous fes doigts
flexibles l'ingrate guitarre devenait
harmonieufe ; le luth, qu'elle enrichit
de deux cordes, rendait tous les ac-
cords ; elle chantait avec agrément
des vers faciles & tendres qu'elle com-
pofait fans peine. Je l'ai fouvent en-
tendue dans le filence des nuits, fous
les grottes profondes où habitait
l'écho folitaire ; & le doux plaifir fuf-

pendait mes pas , & j'écoutais encore
long-tems après que Mirrha ne chantait plus. O charmès inexprimables !
ô pouvoir fuprême des talens! Zirzile n'eft plus auffi malheureufe ; elle
doit à Mirrha l'oubli prefque entier
de fes maux. Mais ce monftre
auffi ancien que le monde , ce fléau
de tous les tems, de tous les lieux ;
qui tourmente le Berger fous le chaume , l'Efclave dans les fers, & le Fa-
vori des Rois dans les Cours; cette
trifte fille de l'Enfer, qu'on a définie en
la nommant , l'Envie agite & trouble
les femmes de Zirzile. Elles s'indi-
gnent qu'une étrangere ait fu gagner
en fi peu de jours la confiance &
l'amitié de leur commune Maîtreffe.
Un attachement fi tendre , des foins
fi. touchans de la part de l'Efclave,
des diftinctions fi flatteufes de la
part de Zirzile , animent leur reffen-
timent ; elles brûlent de favoir ce
qui fe dit dans ces entretiens fi myf-

térieux, fi fréquens, & fi long - tems
prolongés.

Une d'entr'elles fe cache au fond
d'un bofquet de citronniers, où Zirzile & fa compagne terminaient or-
dinairement leur promenade du matin. . . . . O divines Houris, dont la
beauté ajoute à celle des cieux, & qui
fans doute protégez la beauté fur
la terre, veillez auprès de Zirzile qui vous reffemble, avertiffez-la
du danger qui l'attend : un ferpent
domeftique la fuit; hélas ! il eft prêt
à lancer fur elle un venin mortel ! Mais
Zirzile fe croit feule avec Mirrha ;
fans défiance comme fans réferve,
elle fe livre au plaifir d'exhaler tous
les fentimens de fon cœur. L'Efclave
cachée compte leurs paroles ; elle les
entendit toutes, & contenant à peine
fa maligne joie, elle part, elle fuit
d'un pied léger. Aladabak fait que
Zirzile eft fenfible. Amant jaloux &
méprifé, Aladabak ne fe connaît plus ;

ſon œil étincelle , un ſilence farouche
ſe mêle à des cris ; tous ſes mouvemens ſont des convulſions. Il vole au
jardin : mais Zirzile & Mirrha ſont
déjà retournées auprès de leurs compagnes. Il diffère ſa vengeance, & c'eſt
pour la rendre plus terrible. Il attend
que le ſoleil qui n'eſt encore qu'au
bord de l'horiſon ait fait la moitié de
ſa courſe , & que lançant des rayons
plus directs ſur la terre, il l'inonde de
ſes feux. Il ſait qu'alors les Jardiniers
fatigués quitteront leurs travaux pour
s'abandonner au ſommeil , & que
Zirzile, qui cherche la ſolitude, retour-
nera ſous ces arbres épais dont l'om-
brage ſalutaire la dérobe au jour & à
tous les regards. L'heure eſt arrivée ;
il s'arme d'un poignard , & d'un pas
que la colere & l'amour rendent tremblant , il traverſe de vaſtes jardins
ornés de ſtatues , & ne rencontre
qu'elles : mais le boſquet fatal où vient
d'entrer Zirzile, ſe découvre aux yeux

de cet Amant trompé ; fa rage redouble : il s'approche & penche fa tête
fur les arbres odorans recourbés en
berceaux ; fa robe flottante agite les
feuilles mobiles , leur frémiſſement
paſſe dans fon ame ; fes fens enflammés de fureur reſtent tranſis de crainte ;
fon corps friſſonne , il s'appuie fur
le poignard dont il tient la pointe
renverfée ; il tremble toujours. . . . .
La voix de Zirzile fe fait entendre
dans le fond du bofquet, & cette
voix touchante émeut fon cœur & le
déchire : jamais il ne lui trouva des
inflexions fi tendres. . . . Voici ce
qu'elle difait à celui qu'on croyait fa
compagne : « Cher Mezerou ! je ne vis
» que depuis que vous partagez ma
» captivité ! quel Dieu favorable vous
» amena près de moi? . . . . jouiſſons
» de l'erreur d'Aladabak : hélas ! ce
» cœur qu'il n'a pu toucher ». . . « Il
» faura le percer , s'écrie Aladabak fu-
» rieux ; meurs, perfide ». Zirzile leve

ſes beaux yeux vers le Ciel qu'elle
ne dóit plus voir ; ſon beau ſein eſt
inondé de ſang ; elle tombe , ſemblable à la roſe naiſſante que la ſerpe
cruelle a détachée de ſa tige; elle
tombe dans les bras de Mezerou qui
l'embraſſe , & ſon viſage mourant
conſerve la tranquillité de l'innocence.
Cette bouche charmante, que le trépas
va décolorer, ſemble ſourire à la mort;
elle s'ouvre encore une fois , & pro-
nonce avec peine ces derniers mots:
« Tu vis , cruel Aladabak ! . . . .
» tu es coupable , & je meurs. . . ».
O vous qui êtes ſenſibles à la beauté
comme à la vertu , pleurez ſur Zirzile !

Cette funeſte aventure ſe répand
bientôt à Bagdad , & s'y conte de
cent manieres différentes ; on en parle
juſques dans le fond des ſerrails. L'infortunée Géorgienne fut jugée, & toujours comdamnée avec ſévérité. Il ſe
trouva cependant quelques ames ſen-

fibles qui la plaignirent ; il s'en trouva
même d'honnêtes qui crurent à fon inno‑
cence. Les oififs obfervateurs remarque‑
rent que parmi le petit nombre de bon‑
nes gens qui crurent Zirzile innocente,
on ne compta pas une feule femme.

Voilà ce qui fe paffait à Bagdad,
tandis que, pour éviter le tumulte de
la Ville & l'embarras des affaires , je
m'étais retiré à la càmpagne avec
Fatmé mon époufe , que j'aimais uni‑
quement. Exempts de la folle ambition
qui tourmente les hommes, Fatmé
me fuffifait, je fuffifais à Fatmé; les
heures, que l'aîle mobile du tems em‑
porte fans ceffe, les heures fi courtes
pour les Amans fortunés qui faventen
jouir, femblaientdans ceféjour de paix fe
fuccéder pour accroître encore notre
amour : aucune en fuyant ne laiffait
un regret, toutes laiffaient un plaifir.

J'étais à me promener avec Fatmé
fous cette même allée de platanes que
vous voyez d'ici; je lui faifais admirer la
beauté

beauté du foleil couchant, les riches
préfens de la nature ; nous béniffions
enfemble fon Auteur. J'apperçus fur les
bords du fleuve deux hommes qui s'avan-
çaient vers nous ; & dans l'un d'eux je
reconnus mon ami , cet Azord que
tout Bagdad citait pour fa beauté ,
& que les vertus de fon ame douce
& tendre me faifaient eftimer & chérir.
Nous étions unis dès notre enfance :
mais depuis quelque tems Azord ne
vivait plus pour moi ; fes emplois
dans le Palais du Sultan, qu'il fervait
avec le zele d'un ami, l'enchaînaient
à la Cour, & je ne l'avais pas vu
depuis trois lunes, qu'ifolé dans les
bois je vivais pour l'Amour & pour
Fatmé. Je courus, je volai les bras
ouverts à fa rencontre , & je dis à
Fatmé qui s'était voilée & qui voulait fe retirer de nous attendre. Je
me plaifais à lui préfenter quelquefois mes amis, à braver pour elle une
coutume dure , offenfante pour fon

G

fexe : j'aimais ma femme ; elle était
auffi fage que belle , & mes amis étaient
vertueux.

Je faluai l'inconnu ; j'embraffai
tendrement Azord, je lui dis : « Voilà
» Fatmé que j'aime comme ma vie ».
Il me dit : « Que le Ciel vous foit à
» tous deux favorable! jamais je n'ai
» rien vu de fi beau ». Il la regarda
long-tems , & Fatmé prit les couleurs de la rofe qui s'épanouit au
matin.

Nous nous afsîmes fous ces mêmes
berceaux où l'amitié me raffemble
avec vous aujourd'hui , & le jeune
Azord nous conta de la maniere que
je viens de le dire , la mort cruelle
de l'Efclave d'Aladabak. Je ne pus
retenir mes larmes ; je l'avais vue
quelquefois chez lui, il me l'avait
montrée comme ce qu'il avait rap-
porté de plus précieux de fes longs
voyages. Je dis à mon ami : « Qu'é-
» tait ce Mezerou, & qu'eft-il deve-

» nu ? — Je ne fais, tout Bagdad
» l'ignore ; Aladabak, plongé dans
» la plus grande tristesse, garde sur
» cet Esclave un silence profond ».
Pendant que mon ami parlait, je me
rappellais la candeur ingénue, l'air
d'innocence de Zirzile, & je m'écriai :
« Azord ! Fatmé ! enfans du Tout-
» puissant, adorons sa Providence ;
» respectons ce qu'elle se plaît à nous
» cacher. O, Zirzile ! vous n'étiez pas
» coupable » ! Mon ami sourit doucement, & le souris de mon ami m'af-
fligea. Je regardai la bien-aimée de
mon cœur, & je la vis baisser ses
beaux yeux pour me dérober sa pen-
sée que j'y cherche si avidement, &
que j'y trouve toujours. Je lui dis
avec chagrin : « L'Ange de la mali-
» gnité s'est fait entendre à votre
» cœur, il vient d'y glisser son poi-
» son. . . . . Vous jugez cette femme
» malheureuse sur des apparences ; ô
» Fatmé ! souffrez que j'instruise votre

G 2

» jeuneffe. Si vous faviez combien de
» fauffes apparences ont trompé les
» hommes ! tremblez, qu'en refu-
» fant de reconnaître fon innocence,
» vous ne faffiez foupçonner la
» vôtre ». Fatmé rougit encore , &
fes joues reffemblaient à la fleur éçla-
tante du grenadier. Elle était plus
belle , & cependant elle charmait
moins mes yeux, parce que je lifais
fur fon vifage interdit le jugement
téméraire de fon cœur ; elle n'ôfait
croire à la vertu ! Je dis à Fatmé, je
dis à mon ami : « N'avez-vous point
» lu cette maxime d'un de nos Sages ?
» *Les jugemens précipités reffemblent à*
» *une épée conduite dans l'ombre de la*
» *nuit.* Et cette autre ? *L'orgueil eft*
» *comme ces verres menteurs qui groffiffent.*
» Si c'eft lui qui nous montre les
» défauts de nos freres; il nous men-
» tira de même. Craignons les effets
» de l'illufion, j'en ai vu de terri-
» bles. . . . O mes amis ! j'ai vu des

» Juges d'une trop grande intégrité,
» mais trop faciles à se laisser préve-
» nir, envoyer des innocens au sup-
» plice ; & leur sang versé criait vers
» le Prophete ». Je m'animais, je me
sentais transporté; l'air que je respi-
rais brûlait ma poitrine. « Ne croyez-
» vous pas , dis-je à Fatmé , qu'à
» cette heure-ci le soleil est plongé
» dans l'onde , & caché aux yeux de
» tous les hommes ? je sais que vous
» le croyez, Fatmé; c'est encore l'ef-
» fet d'une trompeuse apparence. Ce
» Dieu du jour (que le Mage, dans
» l'erreur peut-être la plus pardonna-
» ble de toutes, adore à genoux) , ce
» soleil , ce flambeau du monde,
» placé à des millions de lieues de
» nous , éclaire à tous les momens
» de la durée quelques grandes par-
» ties de la terre : lorsqu'il disparaît
» pour celle que nous habitons, il se
» montre dans d'autres climats, &
» verse sa lumiere bienfaisante sur d'au-

» tres peuples. Nous favons cela main-
» tenant; nous en fommes convaincus,
» malgré le rapport de nos yeux qui le
» démentent : croyez que ce qui *paraît*
» peut quelquefois être fort différent de
» ce qui *eft* ; & plus réfervée à l'avenir,
» apprenez à ne pas juger ce que
» vous ne pouvez connaître . . . . Je
» ne vous reproche pas votre igno-
» rance, Fatmé, lui dis-je » , remarquant fur fon vifage, à la place
de cette férénité qui fied fi bien
aux graces, un peu de confufion &
de dépit, « non, je ne vous la repro-
» che pas ; je l'excufe même dans
» votre fexe : le nôtre impérieux &
» jaloux, doué d'ailleurs de la force
» qui vous eft refufée, s'eft par-tout
» arrogé le pouvoir & réfervé la
» fcience ». Voyant qu'on m'écoutait,
je continuai avec vivacité ; j'étais
plein de mes idées, je m'abufai
comme il arrive à ceux qui fe livrent
trop au plaifir de parler ; je croyais

mettre dans mes difcours & faire paffer dans leur efprit, par des autorités
& des exemples, la perfuafion qui n'é-
tait que dans mon cœur. « Cette petite
» terre, pourfuivis-je, fur laquelle
» vous êtes née pour faire les délices
» d'un époux qui vous adore ; cette
» terre qui vous offre ici des tapis
» de fleurs, des gazons touffus pour
» vous y repofer mollement ; & qui
» plus loin préfente des tombeaux
» pour nous engloutir ; cette terre
» enfin qui vous femble immobile
» fous vos pieds, roule cependant
» autour du foleil d'un mouvement
» continuel & rapide, qui lui fut
» imprimé dès le commencement du
» monde, & qui continuera jufqu'à
» fon entiere deftruction. Vous, moi,
» tous les hommes emportés à chaque
» moment dans de nouveaux efpaces,
» nous décrivons un cercle éternel dont
» le foleil occupe le centre : ainfi, tou-
» jours au même point du Ciel, il-

» n'en parcourt point l'étendue com-
» me vos yeux vous le perfuadent ; il
» ne fe leve ni ne fe couche com-
» me vous l'avez entendu dire tant
» de fois. Ne croyez plus fi légérement
» le témoignage des hommes ; défiez-
» vous du rapport de vos fens , ils
» vous ont également trompée . . . .
» Hé ! quel homme, quel fage n'ont
» ils pas féduits par leurs menfon-
» ges , ô ma chere Fatmé ! J'ai comp-
» té le nombre de nos erreurs , &
» j'ai vu qu'il furpaffait celui des
» feuilles de ces berceaux ! . . . »

Je dis encore beaucoup de chofes
à Fatmé pour détruire fa coupable
prévention, & je vis, pour la premiere fois, que je ne la perfuadais pas.
Je m'en demandais la raifon, & je
n'ôfais me répondre ; mais j'étais
troublé, j'éprouvais un faififfement
inconnu. . . . . Qu'Azord familiarifé
avec la corruption de la Cour , que
fon ami jeune & frivole, fe permet-

tent de rire de ma vertueuſe confiance,
je leur pardonne : mais Fatmé! Fatmé ! . . . Je ſaiſiſſais entre elle &
mon ami des regards d'intelligence;
Dieux ! que je ſouffrais ! & Fatmé
ne s'en doutait pas ! Les éloges
d'Azord , qui ſe montrait toujours
de ſon avis, l'occupaient toute entiere.

Je rentrai dans ma maiſon ; je m'ef-
forçai d'y bien recevoir mes hôtes :
mais j'étais triſte & je rêvais malgré
moi. Le ſang de l'infortunée Zirzile
coulait encore ſous mes yeux, & preſ-
que ſous mon cœur ; je le ſentais
flétri. Le doute de Fatmé , ſi peu fait
pour ſon âge , ſa réſiſtance opiniâtre
aux avis d'un époux dont elle recevait tous les ſentimens , excitaient dans
mon ame une ſorte de colere ; je
revenais ſur mes penſées, ſur mes dé-
bats , je ne pouvais m'en diſtraire. Je
dormis peu, je me levai avec l'aurore ; je la vis répandre ſes larmes

dans le fein des fleurs demi-éclofes,
je la vis éveiller lès oifeaux affoupis
fur les branches des citronniers, &
ramener dans la prairie & fur les côteaux parfumés les Bergers diligens.
La nature était fraîche & riante, j'étais
trifte & abattu. Le foleil vint éclairer
le monde, & mon ame refta fombre
comme la profonde nuit. Je me fou-
vins qu'Azord devait ce jour même
retourner à Bagdad ; fes emplois à la
Cour ne lui permettaient pas de s'en
éloigner plus long-tems. Auffi-tôt je
formai le projet de l'y fuivre, & de
laiffer Fatmé fous la garde de fa mere
qui, depuis mon mariage, vivait
avec nous, & m'aimait comme fon
fils. Je quittai la promenade : la campagne était délicieufe ; mais je n'étais
ni affez calme pour en obferver les
beautés, ni affez content pour en
jouir. Je me rendis dans la chambre
que j'avais fait préparer à mon ami,
& qui communiquait à la mienne ;
il était déjà levé, cependant Azord

aimait le repos. Je fus qu'il était def-
cendu dans le jardin , & que Fatmé,
qui ne fe promenait jamais fans moi,
s'y était rendue auffi : je me preffai
de les aller trouver. Azord , qui
m'apperçut le premier , vint au-devant de moi ; je lui dis le deffein
où j'étais de l'accompagner à la ville,
il en fut charmé. Nous joignîmes
Fatmé dans une allée qui l'éloignait,
& qu'elle avait , ce me femble , affecté
de prendre lorfque j'avais paru. « Je
» vais , lui dis-je, ce matin à Bag-
» dad. — Ce matin ? — Oui , fans
» doute , & peut-être y pafferai - je
» quelques jours : je veux voir Ala-
» dabak ; il était ami de mon pere , . .
» peut-être ce qu'il me dira pourra-
» t - il vous convaincre. . . . J'efpere
» enfin juftifier Zirzilé ; . . . le croyéz-
» vous poffible ? — J'avoue que je ne
» le crois pas. — Fatmé ! . . com-
» ment ! ne peut - il pas y avoir des
» circonftances ? . . . . ne vous ai-je

» pas dit que des apparences ? . . . .
» — Des apparences ! . . . . que le
» grand Prophete me puniſſe , ſi je
» ceſſe jamais de croire qu'un hom-
» me déguiſé dans un ſerrail ſoit
» l'Amant favoriſé de la femme qui
» l'y a introduit ». Je tenais pendant
qu'elle parlait mes yeux attachés ſur
les ſiens , je fixais le viſage d'A-
zord ; je les vis ſe regarder & ſourire , & je dis à mon ami : Partons.

Tandis qu'il ſe préparait , je courus à l'appartement de la mere de
Fatmé , de la pieuſe Dorzabeth ; elle
avait la tête tournée du côté de l'O-
rient, & elle prononçait à haute voix
la priere du matin. Je lui dis : « O ma
» mere ! vous ſavez avec quelle ten-
» dreſſe j'aime votre fille ; ſon teint
» eſt plus blanc que l'aîle argentée
» du cygne , & ſa voix plus douce
» que celle de l'oiſeau qui chante le
» printems. O mere de Fatmé ! je l'ai
» reçue de vous avec ſon innocen-
» ce : . . . . me préſerve le Ciel de la

» trouver jamais infidelle ! . . . Je
» vais pour quelques jours à la
» Ville. . . . . . Hélas ! il faut que j'y
» aille ! . . Vous, pendant mon ab-
» fence , veillez fur votre enfant ;
» c'eſt mon bonheur que je vous
» confie ; écoutez - moi : qu'aucun
» homme ne foit reçu dans ma mai-
» fon tout le tems que j'en ferai de-
» hors. J'en jure par Aly, que j'ai
» révéré dès ma plus tendre enfance:
» il en coûterait la vie au téméraire,
» quel qu'il fût , ... peut - être à
» Fatmé. J'ai long - tems violé les
» loix de mon pays ; j'en ai bravé
» pour elle les mœurs & les coutumes
» facrées : j'eus tort fans doute...Mal-
» heur à l'audacieux qui ôfe fe croire
» plus fage que notre faint Légiſla-
» teur ! O ma mere ! il peut m'en
» punir ! . . ». Mes paroles étaient
hautes & précipitées , le fon de ma
voix était altéré. La mere de Fatmé
en fut troublée ; elle me dit : « Je

» réponds de Fatmé ; partez , foyez
» tranquille ». Et je la vis qui pleurait : j'étais vivement ému , je fortis
fans lui répondre. Je fus prendie
Azord qui m'attendait : mais je ne
vis point fon ami ; j'en témoignai ma
furprife. — « Plus diligent que nous ,
» il a profité de la fraîcheur du matin ;
» je le crois à préfent à Bagdad ». Il
dit, & nous partons. Mais ces mots
fi fimples en apparence femblaient
étudiés ; Azord me parut plein de
diffimulation , fon difcours & fon
maintien avaient l'air du menfonge.
Le long du chemin je difais en moi-
même : «Je ne me fuis point apperçu que
» Fatmé fût affligée demon départ ;...
» ne devait elle pas fouhaiter de me
» fuivre» ! Cependant nous marchions
toujours , & mon ami mêlait fon
entretien à mes diftractions. Quelquefois il s'arrêtait pour confidérer ce
grand nombre de pavillons peints &
dorés qu'on voit s'élever par-tout fur

les vaftes terraffes qui s'étendent le
long du Tygre, & qui forment en
cet endroit les plus riants tableaux.
Il admirait les merveilles de l'art, &
la féconde variété de la nature; &
puis, portant fes idées bien au-delà
de ces murs épais qui arrêtent les
yeux des communs Voyageurs, &
bornent leurs penfées avec leur vue:
« Là, difait il, dans ces Palais fuper-
» bes, habitent les ennuis & les lon-
» gues querelles; tout paraît tranquille
» au-dehors, mais la jaloufie dévo-
» rante veille fur ces magnifiques car-
» reaux qui promettent le repos &
» le fommeil. Que je plains le fort
» de la Beauté ! l'attrait qui nous
» rapproche d'elle n'étant point ani-
» mé par l'aimable réfiftance de la
» vertu, ne peut être ni bien flatteur,
» ni bien durable ; le caprice nous
» mene d'un objet à l'autre, & inca-
» pables par caractere de faire le bon-
» heur d'une feule femme, nos mœurs

» · nous laiſſent la cruelle liberté d'en
» tourmenter mille ». Moi, ſans rien
répondre, l'œil fixe & baiſſé, je ſui-
vais d'un air diſtrait le cours majeſ-
tueux du fleuve qui réfléchit dans ſon
cryſtal les branches des peupliers, &
porte bien loin dans la mer leurs
feuilles diſperſées. Je penſais toujours
à Fatmé ; je me diſais ſans ceſſe :
« Comme elle m'a vu partir ! oh ! que,
» n'a - t - elle craint de me perdre ! ...
» Pourquoi ne pas demander de me.
» ſuivre ? Femme imprudente ! vous
» êtes heureuſe que votre époux ne.
» ſoit pas auſſi léger dans ſes juge-
» mens que vous l'êtes dans les vô-
» tres ! . . ». Nous arrivons, & mon.
ami, preſſé de ſe rendre chez le Sultan, me quitte à la porte de Bagdad.
En rentrant dans ma maiſon, j'eus
une grande joie. J'y trouvai ma ſœur ;
je l'avais beaucoup aimée dans mon.
enfance , & depuis dix ans que j'avais
quitté le lieu de ma naiſſance, je ne

l'avais point oubliée. Après nos premiers embraffemens, elle me dit que
fon mari venait de mourir ; qu'il l'a-
vait ruinée par fes prodigalités, &
que fe trouvant chargée de dettes &
fans reffources dans fa Patrie, elle
venait me demander un afyle. Je l'embraffai de nouveau ; j'étais charmé
de la revoir, l'efpérance de paffer
ma vie avec elle m'enchantait. Je lui
dis : « Vous verrez Fatmé ; elle eft
» belle, elle eft douce, vous l'aime-
» rez ». Dès le lendemain je fus trouver Aladabak ; il fe fouvint de mon
pere, & malgré fon extrême affliction j'en reçus un accueil favorable.
J'y retournai le jour d'après, il me
retint à diner ; & fur la fin du repas
la converfation devenant plus vive,
& prenant en moi toujours plus de
confiance, il m'ouvrit fon ame que
la douleur déchirait. Je fus tout ; je
frémis, je fus confondu. . . O fem-

mes ! une coupable légéreté préfidera-t-elle toujours à vos jugemens ?
Je les haïffais toutes, je haïffais Fatmé.
Je me féparai d'Aladabak de fort
bonne heure.

L'ame agitée, je marche long-tems
fans favoir où je vais: je me trouve
devant la maifon d'Azord ; fans deffein particulier je frappe à fa porte ;
l'Efclave qui vint m'ouvrir me dit que
fon Maître était abfent depuis deux
jours, & qu'on commençait à s'en
alarmer. Mon émotion déjà vive
s'augmente ; Azord à qui je ne connaiffais point d'affaires, Azord obligé
de paraître chaque jour chez le Calife ,
avait-il pu deux jours entiers ? . . .
Et pourquoi ce myftere fur le lieu
de fa retraite ? . . . pourquoi partir
feul ? . . . Je rentrai chez moi dans
une cruelle agitation ; tant que dura
la nuit, je fus tourmenté. Le lendemain Azord ne parut point ; mes alar-

mes redoublerent. Je courus comme
un forcené les rues de Bagdad ; je
retournai chez lui , je queſtionnai de
nouveau ſes Eſclaves , & je n'en reçus
que la même réponſe. La moitié du
jour s'était perdue dans de vaines
recherches ; en arrivant chez moi,
demi-mort de fatigue , je me jettai
ſur des carreaux : j'y reſtai long-tems
abymé dans les plus noires penſées ;
des cris inarticulés , des mots ſans
ſuite interrompaient mon ſilence. Je
m'écriais : « Azord n'eſt point à Bag-
» dad! il n'y eſt pas , & je reſte! Par-
» tons, partons ; que les perfides!.».
Je me levais dans ma fureur ; je mar-
chais , je m'aſſéyais pour remarcher
encore : la jalouſie, le dépit faiſaient
bouillonner mon ſang ; tour - à - tour
l'indéciſion précipitait & retenait mes
pas. Enfin , ayant formé vingt pro-
jets que j'abandonnais auſſi-tôt , après
deux heures paſſées dans les tour-

mens, j'écrivis à ma mere la lettre
suivante :

Vous n'avez pas assez veillé ; mais désor-
mais toute garde est inutile : on me trahit !
écoutez-moi : que Fatmé ne sache rien de
ce que je vous écris ; rendez-vous à minuit
dans son appartement, saisissez-vous de
celui que vous trouverez avec elle ; . . .
songez que vous me répondrez de tous
deux, . . . j'arriverai de grand matin.

J'appellai aussi-tôt un Esclave intelligent & discret. « Cours, lui dis-je,
» porter ce billet à ma mere ; ne le
» remets qu'à Dorzabeth, attends ses
» ordres, & fais tout ce qu'elle te
» dira ». Dès que l'Esclave fut parti,
je me sentis moins agité : mais j'avais
besoin de prendre du repos, & de
verser dans mon sein échauffé l'air
pur & rafraîchi du soir. Je traversai
mes jardins, & je vins m'asseoir dans
un cabinet de chênes toujours verds,

que la vigne embraffe de fes jeunes
rameaux chargés de fruits, & que le
chevre-feuille parfume au printems. Ma
fœur venait de s'y rendre: plus heureufe que fon frere, elle chantait fous
leur ombre éternelle; fon ame & fes
fens jouiffaient d'une tranquille paix.
Je voulus me retirer; mais Zamine
remarquant fur mon vifage le trouble
que je m'efforçais en vain de cacher,
me retint malgré moi. Je diffimulai
quelque tems avec elle, je croyais
pouvoir lui dérober le fujet terrible
de mes peines : mais je cédai bientôt
à fes prieres touchantes, à cette grace
impérieufe avec laquelle fon fexe que
nous croyons maîtrifer, commande
au nôtre & le domine.

Je lui confiai mon défefpoir, mes
larmes coulerent dans fon fein; je
verfai mes douleurs dans fon ame
compatiffante. Après les avoir parta-
gées, l'ingénieufe Zamine voulut
effayer d'en détruire la caufe; mais

je lui dis : « Ceſſez , ceſſez d'entre-
» prendre une inutile juſtification ; la
» bouche défend mal ce que le cœur
» a déjà condamné. Votre douleur,
» plus vraie que vos diſcours , atteſte
» que la mienne eſt trop fondée »., Ma
ſœur ceſſa de parler, mais elle pleurait , & je dis : « Je ſuis bien mal-
» heureux » ! . . Comme j'achevais
de prononcer ces mots , je vis s'avan-
cer vers nous l'Eſclave noir qui veil-
lait à la garde de mà porte. Lorſqu'il
fut dans le cabinet, il me dit : « Sei-
» gneur , cet homme. (me montrant
» de la main un inconnu qui le ſui-
» vait) eſt venu ce matin vous de-
» mander ; j'ai voulu ſavoir ce qui
» l'amenait, il a refuſé de s'expliquer:
» j'ai dit que vous étiez ſorti dès le
» lever du ſoleil , il n'a pas voulu me
» croire; il eſt retourné ce ſoir , &
» je vous l'amene afin qu'il vous donne
» à vous-même le papier myſtérieux
» qu'il a refuſé deux fois de remettre

» en mes mains. ». Je pris le billet
que cet homme me préfentait: « Ciel,
» m'écriai-je, c'eft l'écriture d'Azord »!
Je déchire, j'ouvre, je lis . . . quel
coup inattendu ! Dieu! Dieu ! vous
plaifez-vous à nous tromper ? . . . .
Je fis retirer mon Efclave & celui qu'il
m'avait amené, leur prefcrivant de
m'attendre fous le veftibule ; & courant à ma fœur : « Qu'ai-je ôfé croire !
» qu'ai-je fait ! qu'ai-je écrit à ma
» mere! O Zamine ! Zamine, repouf-
» fez-moi loin de vous ! Je fuis un
» monftre; j'ai outragé l'amitié, l'in-
» nocence & la vertu. Nous étions
» injuftes, cruellement injuftes. . . .
» O malheureux Azord ! ô ma chere
» Fatmé ! . . . je n'ôfe me livrer à
» la joie de la favoir fidelle; il faut
» pleurer fur mon ami. . . . Victime
» dans ce moment d'un foupçon auffi
» peu fondé que celui qui tout-à-
» l'heure déchirait mon ame, arrêté
» par les ordres & dans le Palais

» même du Sultan , jetté comme un
» vil criminel dans le fond d'un ca-
» chot, il gémit dans les fers ; depuis
» trois jours fes yeux n'ont pas vu le
» foleil. Mais j'ai dans mes mains des
» preuves éclatantes de fon innocence,
» des lettres d'Azord empreintes même
» du fceau du Sultan ; je les recevais
» à la campagne, elles y font reftées
» & je cours les chercher ; je rever-
» rai Fatmé ! . . . je vais la revoir
» avec tous fes charmes, avec toute
» fon innocence ». — « Que je me
» fens foulagée., me dit Zamine, en
» m'embraffant! Les hautes montagnes
» de Célidar pefent moins fur la terre
» que votre défefpoir fur mon cœur
» abattu : je ne refpirais plus ; je me
» fentais mourir ; mais calmez-vous,
» & répondez - moi : De quel crime
» charge-t-on votre ami » ? — « D'une
» confpiration formée fous les yeux
» même du Sultan ; on en veut à
» fa vie. Azord connaiffait les Chefs

de

» de ce complot fanguinaire; il affif-
» tait à leurs affemblées, il les épiait
» dans l'ombre, & pour furprendre
» leurs horribles fecrets il vivait fami-
» liérement avec eux : voilà ce qui
» l'a perdu. Le généreux Azord veil-
» lait pour conferver les jours de fon
» Maître , & maintenant les fiens font
» en danger ! Le Sultan, féduit comme
» je l'ai été moi-même par de trom-
» peufes apparences, pourfuit dans fa
» colere fon défenfeur & fon ami ;
» les fers deftinés aux coupables
» chargent les mains de l'innocence !
» Hélas ! la malignité habite le cœur
» de l'homme, & la prévention le
» Palais des Rois ! . . . Je pars dès
» cette nuit , je cours chercher les
» lettres d'Azord : demain je ferai le
» premier à la porte du Sultan ; la
» voix perfuafive de la vérité va
» retentir à fon oreille. . . . . Notre
» grand Prophete l'a fait bon & gé-
» néreux : il fe reprochera d'avoir cru

H

» trop légérement les difcours du
» menfonge , d'avoir donné un af-
» freux plaifir à l'envie ; il pleurera
» fa méprife ; Azord , le vertueux
» Azord fera juftifié ».

Le foleil penchait vers fon déclin ;
fon front moins chargé de rayons
dorait légérement la cime des plus
grands arbres , & leurs ombres prolon-
gées formaient en fe réuniffant au
loin fur la verdure rembrunie , un
vafte tapis de crêpe. Je dis à ma
fœur : « Attendez-moi fous ces anti-
» ques chênes; je vais répondre à
» mon ami, l'affurer de fa délivrance :
» ô ma chere Zamine ! attendez-moi ;
» qu'il me ferait pénible d'être feul
» dans ce moment ! mon ame op-
» preffée a befoin de s'épancher avec
» vous ».

Je courus écrire à mon ami ; je
renvoyai l'Efclave porteur de la lettre,
& précipitant mes pas vers ce cabinet témoin de mes agitations , de ma

Joie & de mes remords , je revins
plein d'un projet qui m'occupait le
confier à ma fœur. Il me charmait ,
& contre mon attente elle ne l'ap-
prouva pas. J'allais la quitter ; mon
caractere ardent & emporté me faifait un tourment de la moindre
oppofition. Mais Zamine avait plus
qu'aucune autre femme cette fagacité
précieufe que leur donne la naturé
pour faifir fur nos vifages les fecrets
mouvemens de nos cœurs : elle vit
mon impatience , & paraiffant goûter
le projet qu'elle avait combattu d'a-
bord , elle m'affura du fuccès, &
promit de me précéder à la campagne. De mon côté je fongeais à m'y
rendre , & l'heure de partir approchait. Ma lettre , cette imprudente
lettre que j'avais écrite dans mon
égarement , avait dû porter la douleur
dans l'ame de ma mere, le dépit &
la trifteffe dans celle de mon époufe,
le trouble & les alarmes dans toute

ma maiſon. J'en reſſentais une peine
mortelle ; mais je ne pouvais plus
révoquer un ordre donné dans l'accès
d'une jalouſe rage, & déjà ſans doute
exécuté. Fatmé ſavait à préſent que je
l'avais ſoupçonnée ; comment me juſ-
tifier ! Je me diſais : « L'homme im-
» prudent eſt la proie éternelle des
» chagrins & des remords. . . . . .
» Allons trouver la bien - aimée de
» mon cœur ; réparons le mal que j'ai
» cauſé, ſi l'on peut cependant répa-
» rer un outrage fait à ce qu'on
» aime ». Je me ſéparai de ma ſœur, &
je me retirai dans ma chambre pour
repoſer quelques momens ; j'en avais
le plus grand beſoin ; je ne pouvais
ſupporter l'excès de tant d'agitations :
mais j'invoquai, j'attendis en vain le
ſommeil ; mes yeux fatigués ne purent
ſe fermer un inſtant. Mon ame était
comme la mer à l'approche d'un grand
orage. J'éprouvais un trouble vague,
pénible, inquiétant ; je ne pouvais

ni le calmer, ni lui affigner de caufe. . . . Enfans du Prophete, foyez
attentifs, & préparez vos yeux à des
fcenes inattendues; vous ferez frappés de terreur . . . . Tandis que folitaire & tourmenté dans le filence de
la nuit, je médite à Bagdad fur les
événemens de la journée, venez &
voyez ce qui fe paffe dans ma maifon
des champs ; un complot formé dans
l'ombre vous fera découvert, mais
dites à votre jugement de s'arrêter : &
vous, jeunes filles indifcrettes & légeres , jeunes femmes imprudentes &
préfomptueufes , vous à qui le Ciel
accorda plus de vertu que d'indulgence, venez ; entrez dans l'appartement de mon époufe , & tremblez fur
vous-mêmes.

L'heure fatale que j'avais indiquée
pour furprendre Azord & Fatmé
était déjà venue ; Dorzabeth, qu'un
doute favorable à l'enfant chéri de
fa tendreffe avait foutenue jufqu'a-

lors, l'entendit fonner cette heure ef-
frayant , & Dorzabeth penfa mourir de faififfement & de crainte : elle
ne marche pas, elle fe traîne à la
porte de fa fille ; d'une main tremblante elle faifit la clef qui commence
à tourner, & qui crie fous fes doigts
mal affurés: mais Dorzabeth s'arrête;
elle n'ôfe , elle ne peut achever :
« Ouvre toi-même », dit-elle d'une
voix altérée à l'Efclave qui la fuit.
L'Efclave curieux obéit promptement,
& pouffe avec vivacité la porte qui
s'ouvre avec fracas. A ce bruit,
Fatmé tremblante tire un léger rideau
de mouffeline ; auffi-tôt un homme
fe leve précipitamment, s'enveloppe
de fa robe de chambre & veut fuir.
Le fidele Efclave qui l'obferve l'arrête d'un bras vigoureux, & le ren-
verfe fur des carreaux. Fatmé porte
fur lui des regards inquiets ; effrayée,
elle les tourne fur le vifage irrité de
fa mere, & elle tombe fans connaif-

fance. « Suis moi, dit l'Efclave en fortant de cet appartement de dou-
leur & de larmes, « & te prépare » à mourir ; . . . au retour de mon » Maître, ma main s'empreffera à t'im-
» moler à fa jufte fureur ». Fatmé qu'on venait de rappeller à la vie qu'elle eût fouhaité de perdre, l'entendit, & une nouvelle faibleffe la replon-
gea dans les bras de la mort. Sa ten-
dre mere vole de nouveau à fon fecours ; elle lui préfente des fels, lui fait refpirer les parfums précieux de la voluptueufe Arabie, lui prodigue les foins les plus tendres : elle ne ceffa point d'être fenfible & compatiffante ; elle ne fe crut point difpenfée de pitié envers fa fille, quoiqu'elle la ju-
geât coupable. Enfans des hommes, foyez indulgens ! . . .

J'avais déjà quitté Bagdad : mon char volait dans la campagne , & la nuit commençait à replier fes tentes de crêpe; elle fuyait au-delà des bords

de l'Occident , femant fur fa route
ténébreufe le repos, les plaifirs & les
crimes , lorfque j'entrai dans la premiere cour de ma maifon. Le henniffement des chevaux , le bruit des roues,
avertirent Dorzabeth que j'étais arrivé;
je la vis paraître. Elle s'avançait lentement au-devant de moi; fes pieds
chancelaient , fon vifage était chan-
gé , fes yeux exprimaient la douleur
& la confufion. « J'ai caufé fa peine,
» me dis-je ; mes injuftes foupçons
» ont affligé fon cœur; elle fent &
» partage l'injure faite à fa fille.
— » Pardonnez, ô ma mere, un doute
» offenfant pour Fatmé dont je con-
» nais la fageffe , & pour Dorzabeth
» qui l'a nourrie dans l'amour de la
» Vertu! mais, je le jure par Fatmé
» & par fa mere, je ne ferai plus
» féduit; oui, je croirai tout, plutôt
» qu'une infidélité de Fatmé ». Je me
tus, je preffai Dorzabeth dans mes
bras, j'attendis fa réponfe; mais elle

resta dans le silence. Plus impatient,
je repris: « O mere de Fatmé ! menez-
» moi vers elle; pourquoi me retenir ?
» craignez-vous de troubler son fom-
» meil ? Ah ! le fommeil de Fatmé
» m'appartient; il faut que je lui faffe
» l'aveu coupable de tout ce que j'ai
» penfé. . . . De trompeufes appa-
» rences avaient égaré ma raifon; . .
» il faut que je voie l'idole de mon
» cœur, qu'elle me pardonne, que
» je meure d'amour à fes pieds, ou
» de mon défefpoir fi elle eft inflexi-
» ble ». Alors je voulus me dégager
des bras de Dorzabeth, qui m'empê-
che d'entrer; elle me retient encore,
& jettant fur moi des regards étonnés:
« Je ne vous entends pas, me dit-
» elle, & je crois être dans la douce
» erreur d'un fonge. Ne m'avez-vous
» pas écrit que Fatmé vous trahiffait?
» ne m'avez-vous pas donné l'ordre
» de m'affurer du coupable » ? — « O
» mere de Fatmé ! oui, ma main cri-

» minelle a tracé cet ordre. J'ai cru
» qu'Azord était dans ma maifon;
» j'ai cru Fatmé infidelle. Grace au
» Ciel, mon ami eft vertueux, Fatmé
» eft innocente : allons, je veux la
» voir , l'embraffer , mériter mon
» pardon; ne me retenez plus, venez,
» c'eft tarder trop long-tems ». — « O
» mon fils ! arrêtez ; apprenez. . . .
» Mais ma langue demeure glacée,
» elle fe refufe à ce coupable récit.
» Ma fille . . . ». — « Eh bien! votre
» fille ? . . . achevez, je vous prie ».
Alors , tremblante, palpitante , s'in-
terrompant vingt fois & reprenant
vingt fois fon récit interrompu , la
mere de Fatmé me raconta, ...
Enfans du Prophete , je vous ai
moi - même conduits par la main
chez Fatmé. . . . . Vos yeux ont
vu, & vous favez tout. Imaginez
l'état de mon ame en ce moment;
devinez mes penfées. Je fus ému:
mais je me rappellai d'abord notre

pente à supposer le mal ; je me
dis : Pourquoi l'homme se presse-
t-il de prononcer sur ce qu'il ne
connaît pas ? d'où vient qu'il se
plaît à condamner sa femme, son
propre fils, l'ami qu'il chérit le
plus ? Pour moi j'étais alors trop
bien en garde contre la prévention
& le mensonge éternel des apparences, pour croire ce que Dorzabeth me jurait dans sa douleur. Je
lui dis : « Dorzabeth ! qu'ôsez-vous
» soupçonner ? Azord est dans les
» fers ; son ami . . . n'a paru chez moi
» qu'un instant : qui peut exciter mes
» craintes ? . . . . je ne craindrai ja-
» mais ; . . . conservons mon ame
» tranquille ». Je me répétais tout
cela, & mon ame n'était point tranquille. Je dis encore à cette mere
désolée qui semblait me plaindre
davantage à mesure que je paraissais
témoigner plus de confiance : « O mere
» de Fatmé ! vos yeux n'ont-ils pas

» pu vous tromper? Cet homme que
» vous avez trouvé ne peut-il pas
» être . . . . que fais-je? un témé-
» raire, un fol caché pour furprendre
» & pour effray er Fatmé? Pour moi,
» je ne croirai point, . . . non, je
» ne veux pas croire. . . . Entrons,
» & du moins avant de la condam-
» ner, écoutons fa défenfe ». Je dis,
je monte l'efcalier avec précipitation,
j'avance & j'appelle Fatmé. Ses yeux,
qu'elle avait toujours tenus fermés,
s'ouvrent alors; ils peignent l'égarement & l'effroi. — « C'eft mon époux !
» Ciel! c'eft lui!.. ne croyez pas....
» Ah ! s'il eft vrai que Zirzile !.. ».
Elle ne peut achever ; fa voix expire
fur fes levres mourantes, & le refte
de fes efprits épuifés femble l'abandonner pour toujours : elle refta
froide. Comme fes traits charmans
étaient altérés ! . . . Grand Dieu ! je
crus l'avoir perdue; je me fis horreur
à moi-même; je déteftai ma bar-

barie, mon infenfé, mon cruel ftra-
tagême. . . . . « O ma mere ! je fuis
» un monftre ! . . . gardez-vous de
» foupçonner Fatmé ! C'eft un ange ;
» elle eft pure comme le Ciel. Fat-
» mé ! . . . . . Fatmé ! elle n'eft
» plus ! . . . j'ai caufé fa mort, j'en
» mourrai ».

Ma voix affaiblie ne pouffait plus
que des gémiffemens & des fanglots.
Ma mere crut que j'étais dans le délire, & que l'excès de la douleur m'ô-
tait la raifon. Elle s'approche de moi.
« Mon fils, mon fils, me dit-elle,
» Fatmé fans doute eft coupable ;
» mais elle vit . . . Voyez fon corps
» friffonner ; touchez fon cœur com-
» me il bat. . . . . Mon fils ! fentez
» comme il bat ! . . que mes larmes,
» que fon repentir vous touchent &
» vous défarment » ! — « Son repen-
» tir ! ô mere de Fatmé, que dites-
» vous ? c'eft à moi de lui demander
» grace. C'eft moi qu'un odieux foup-

» çon, ... c'eſt moi qui lui donne
» la mort ! Grand Dieu! tu permets.
» donc que l'innocence reſſemble
» quelquefois au crime ! . . . Non ,
» femme adorée, non, tu n'es pas
» coupable.» !

Tout à coup les traits de Fatmé
que j'obſervais avec inquiétude paru-
rent un peu ſe ranimer ; ils reprenaient,
par le retour du ſentiment, toute la
beauté que la perte du ſentiment leur
avait ôtée. Je ſentis mes craintes ſe
diſſiper, & avec elles ſans doute un
peu de ma pitié ; car je laiſſai la
main de Fatmé que j'avais long-tems
tenue ſur ma bouche. Cependant des
larmes coulaient toujours au-travers
de ſes longues paupieres ; la rougeur
couvrait ſon front : au lieu de cette
pudeur aimable qui embellit l'amour,
elle paraiſſait avoir celle de la honte
qui ſuit la faibleſſe & le crime. Timide, elle n'ôſait lever les yeux, &
ſemblait craindre de rencontrer les

miens. Il me reſtait encore un peu
d'agitation ; je ſortis , j'allai parler
un moment à l'Eſclave chargé d'exé-
.cuter mes ordres. Quand je rentrai,
mon front était plus ſerein ; mais Fatmé, triſte & abattue, gardait toujours
le ſilence. Enfin je lui dis : « O ma
» chere Fatmé ! croyez-vous main-
» tenant qu'il ſuffiſe d'être ſoupçon-
» née pour être coupable ? Votre
» vertu, dont je ne doute point encore,
» vous juſtifierait-elle aux yeux des
» autres ? elle ne vous ſauve pas
» même du remords; le crime ſem-
» ble avoir flétri votre ame, & ſe
» peint dans vos regards embarraſſés.
» Vous cherchez un mot pour votre
» défenſe , & vous ne le trouvez pas.
» Vous l'avez nommée, cette Zirzile,
» que vos ſoupçons.. . . ». Au nom
de Zirzile elle ſoupira. — «Son nom
» doit en effet vous confondre. J'ô-
» ſai, moi, la croire innocente; elle
» l'était, dans un inſtant vous n'en

» douterez plus ». Alors Fatmé laiſſa
encore échapper un ſoupir, & tourna
ſur moi des yeux languiſſans, pleins
de confuſion , d'amour & de charmes. Ils rencontrerent les miens, &
je fus troublé. « Remettez-vous, lui
» dis-je tendrement; calmez vos ſens
» émus, écoutez ce qui me reſte à vous
» dire. Zirzile n'aima point Alada-
» bak , mais elle fut vertueuſe &
» mourut innocente. Je le ſais d'Ala-
» dabak lui-même, qui la pleure tous
» les jours. Il reconnut dans le jeune
» Mezerou le frere aîné de Zirzile.
» Trop ſenſible à la perte de ſa ſœur,
» & guidé par l'amitié qui ne con-
» naît point d'obſtacle, il ſuivit bien-
» tôt les pas de la belle Captive, &
» ſut trouver cette maiſon fatale où
» ſes beaux jours ſe conſumaient dans
» les chagrins. Il ſe montra ſouvent
» aux pieds des murs de ſa terraſſe;
» l'œil de Zirzile l'y découvrit enfin;
» à l'aide d'un long cordeau elle lui

» fittenirſa réponſe: ils s'entendirent;
» il prit des habits de femme, il ſe
» mêla parmi des Eſclaves nouvelle-
» ment débarquées; après avoir trompé
» celui qui en était le maître par
» une fauſſe confidence, il engagea
» ſans peine cet avide Marchand à
» le vendre au trop crédule Aſada-
» bak. O Fatmé ! que ce récit de la
» vérité, que ce qui vous arrive au-
» jourd'hui vous rende prudente »!
Je repris ſa main, je la preſſai ſur
mon cœur, je la baiſai pluſieurs fois.
« Je ſais que vous êtes ſage, Fatmé,
» mais ce n'eſt pas aſſez encore ; que
» l'infortunée qui a manqué de vertu
» excite à la fois votre ſurpriſe &
» votre pitié : la ſageſſe ne conſiſte
» pas ſeulement à éviter des faibleſſes;
» elle ne les ſuppoſe jamais dans
» autrui, ſe refuſe long-tems à les
» croire, & forcée de les reconnaî-
» tre, elle ſait les taire & les pardon-
» ner. Et vous, ô mere de Fatmé !

» confolez - vous , rendez - lui votre
» eftime ; vous avez été féduite aufîi
» par les apparences , . . fachez les
» craindre. Fatmé fe croyait feule
» dans fa couche , & c'eft par mon
» ordre que l'inconnu que vous y
» avez trouvé s'y était introduit. J'ai
» voulu la convaincre de la maniere
» la plus forte , que les yeux , que
» les autres fens peuvent tromper ,
» & lui donner une leçon fi terrible
» qu'elle ne l'oubliât jamais. Je fuis
» convaincu que votre fexe eft moins
» faible encore qu'imprudent & léger :
» il excite follement le foupçon de
» la malignité; plus follement encore
» il fe plaît à le fortifier , & à le
» répandre. J'ai remarqué que nous
» fommes moins pervers dans nos
» actions que dans nos difcours , &
» qu'heureufement , il eft bien plus
» aifé de fuppofer le crime que de le
» commettre ». J'embraffai Fatmé ,
qui s'était jettée dans mes bras ; j'en-

voyai chercher l'Efclave & celle qu'il
tenait arrêtée , & mon époufe, quoi-
que dans mon fein , ne put fe défendre de frémir à leur vue. « Venez, ma
» fœur, m'écriai-je; débarraffez votre
» tête de ce turban qui nous effraie
» encore , & priez Fatmé de vous
» pardonner. Oui , ma chere Fatmé ,
» vous voyez fous ce déguifement
» cette fœur que j'aime & dont je vous
» ai parlé tant de fois ; elle fera défor-
» mais votre compagne. Que l'amitié ,
» ce baume précieux pour tous les
» maux de la vie ,. que l'amitié la
» plus tendre vous uniffe ! Ma fœur,
» voilà cette Fatmé que j'adore : . . .
» Que vous allez l'aimer ! . . Je vous
» ai fait partager malgré vous une
» entreprife que la bonté de votre cœur
» condamnait ; je me fuis fait à moi-
» même la cruelle violence d'alar-
» mer un cœur où je fuis bien fûr
» de régner: combien le mien en a
» fouffert ! mais je n'ai pas cru que

» ce fût affez pour Fatmé d'être la
» plus belle, la plus fage & la plus
» modefte des femmes ; j'ai voulu
» qu'elle fût encore, & la plus réfer-
» vée, & la plus indulgente ».

LE fage Caleb finit là fon récit ;
& fes amis, charmés de trouver Fatmé innocente, convinrent tous qu'ils
l'avaient condamnée. Caleb, qui s'était
levé pour reprendre avec eux le chemin de fa maifon, leur dit en fouriant : « Je vous ai cependant plus
» d'une fois répété de vous tenir en
» garde contre la féduction des appa-
» rences. Ce furent des apparences
» encore plus fortes & tout auffi vaines
» que celles qui m'ont forcé jadis, &
» qui vous ont entraîné ce foir à
» foupçonner la vertu de Fatmé, qui
» arracherent à notre magnifique Sul-
» tan la fentence de mort de mon
» généreux ami. . . , J'ai vu l'appa-
» reil de fon fupplice ! Azord était

» innocent, & j'eus bien de la peine
» à démontrer qu'il n'était pas cou-
» pable ! La vérité triompha cette
» fois ; mais ·la confidération dont
» jouit actuellement Azord à la Cour
» de notre Souverain, le dédommage
» à peine de ce qu'il a fouffert. O
» mes amis, qu'il eft difficile de dé-
» truire les impreffions funeftes de la
·» légéreté & de la prévention » ! En
achevant ces mots, il entra, fuivi de
fes amis, dans un fallon richement
décoré, où Fatmé, qui les attendait,
s'empreffa de les faire affeoir fur des
carreaux parfumés autour d'une table.
délicatement fervie ; & s'y plaçant
auprès de Caleb, elle fit la joie &
l'ornement du fouper.

F I N.

CPSIA information can be obtained at www.ICGtesting.com
Printed in the USA
BVOW021500261211

279178BV00012B/94/P